高等院校电子商务类新形态系列教材

U0647246

网店美工
视觉设计项目式教程

全彩微课版

王蕾蕾 刘志宝 / 主编

罗屿 涂立利 白颖 / 副主编

人民邮电出版社

北　京

图书在版编目（CIP）数据

网店美工视觉设计项目式教程 ：全彩微课版 / 王蕾
蕾，刘志宝主编. -- 北京 ：人民邮电出版社，2023.9
高等院校电子商务类新形态系列教材
ISBN 978-7-115-61452-0

Ⅰ. ①网… Ⅱ. ①王… ②刘… Ⅲ. ①网店－设计－
高等学校－教材 Ⅳ. ①F713.361.2

中国国家版本馆CIP数据核字(2023)第052734号

内 容 提 要

本书结合电子商务行业的特点，紧扣网店美工的职业技能要求，按照项目式讲解网店美工在实际的视觉设计工作中需要掌握的专业知识和实操技能。本书基于 Photoshop 2020，着重讲解如何从商业角度实现网店视觉设计，帮助读者提升设计水平，掌握网店视觉设计的技术和技巧，解决如何获取设计灵感、如何提升网店商业价值，以及如何熟练使用 Photoshop 2020 等实际问题。全书共 10 个项目，包括网店视觉设计基础、网店商品图片实拍、网店商品图片精修、网店首页视觉设计、网店主图视觉设计、网店详情页视觉设计、网店推广图视觉设计、网店视频拍摄、网店视频的后期制作、综合练习等内容。

本书配有 PPT 课件、电子教案、教学大纲、案例素材、效果文件、课后习题参考答案、微课视频、题库及试卷系统等教学资源，用书教师可在人邮教育社区（www.ryjiaoyu.com）免费下载。

本书可作为高等院校电子商务类专业相关课程的教材，也可作为准备或正在从事网店美工相关工作人员的参考书。

◆ 主　　编　王蕾蕾　刘志宝
　　副 主 编　罗 屿　涂立利　白 颖
　　责任编辑　孙燕燕
　　责任印制　李 东　胡 南
◆ 人民邮电出版社出版发行　　北京市丰台区成寿寺路 11 号
　　邮编　100164　电子邮件　315@ptpress.com.cn
　　网址　https://www.ptpress.com.cn
　　北京瑞禾彩色印刷有限公司印刷
◆ 开本：700×1000　1/16
　　印张：12.25　　　　　　　　2023 年 9 月第 1 版
　　字数：259 千字　　　　　　 2024 年 8 月北京第 2 次印刷

定价：59.80 元

读者服务热线：(010)81055256　印装质量热线：(010)81055316
反盗版热线：(010)81055315
广告经营许可证：京东市监广登字 20170147 号

随着电子商务市场的不断扩大，网上购物日益火爆，网店数量与商品种类快速增多，这也增加了商家的竞争压力。有着同样价格、功能和品质的两件商品，通常要靠外观是否具有吸引力来决定用户是否购买。视觉能激发人们的情绪反应，我们在注意到一件商品时，通常会首先被其外观所吸引。消费者在网上购买任何商品前都无法触摸到实物，所以网店美工要确定商品的风格，通过视觉设计展现商品，以实现吸引人们购买商品的目的。设计是商业沟通的利器，并对展现商品的自身价值起着关键作用。

本书着重讲解如何从商业角度去实现网店美工视觉设计，结合网店美工的职业素养、技能素养，融合设计思维与商业化思维，详细讲解网店的视觉设计方法，旨在提升读者的视觉设计水平，帮助其胜任网店美工这一工作岗位。

本书编写特点如下。

1. 项目式教学，从入门到精通

本书采用项目式教学，紧密贴合课程教学大纲并满足广大教师的授课需求，基于Photoshop 2020版本，定位于零基础人群，从基础着手，根据网店的实际设计需要，循序渐进地讲解视觉设计的理论与技能，以帮助读者实现网店美工视觉设计从入门到精通。

2. 内容丰富实用，结构清晰明了

本书从知识结构、内容逻辑等层面着力钻研、精心打磨，在知识讲解中穿插对应的图示和案例，内容丰富且实用，具有较强的可读性与参考性。全书结构清晰明了，采用"项目描述＋课前预习＋知识讲解＋项目实践＋项目拓展＋思考与练习"的结构进行编写，基础知识讲解与项目实践的篇幅比例设置为1∶1，以强化读者的实践能力，帮助读者全方位地提升网店美工设计的实战技能。

3. 搭配充足案例，一站式教学

本书遵循应用性与实用性结合的原则，在每个项目中设置充足的案例与实践项目，一步一图，图文并茂，手把手教会读者使用 Photoshop 实现网店美工页面、商品图片的视觉设计；同时，本书基于实际教学需要，设置网店视频拍摄与后期制作的内容，通过 Premiere 的案例讲解实现网店美工动态视觉设计，全方位实现网店美工技能覆盖。

4. 贯彻立德树人，落实素养教学

本书深入贯彻落实"党的二十大精神进教材"的指示，将素养教学与职业技能相融合，设置"素养课堂"模块，充分挖掘"网店美工"课程蕴含的德育元素，在专业知识中融入与家国情怀、创新思维、工匠精神、人文情怀、进取精神、责任意识等相关的内容，以"润物无声"的方式将正确的理想信念传递给读者。

5. 微课视频讲解，配套资源充足

本书提供微课视频，读者扫描书中二维码即可观看相应视频。此外，本书还配备丰富的教学资源，包括 PPT 课件、电子教案、教学大纲、案例素材、效果文件、课后习题参考答案、题库及试卷系统等，用书教师可在人邮教育社区（www.ryjiaoyu.com）免费下载。

本书在编写过程中得到了不少一线教师、精通网店美工设计的设计师及网店商家的大力支持，他们为本书的案例选择和内容写作提出了很多宝贵的意见与建议，在此向他们表示诚挚的感谢！

本书由王蕾蕾、刘志宝担任主编，罗屿、涂立利、白颖担任副主编。由于编者水平有限，书中难免存在疏漏和不足之处，敬请广大读者批评指正。

编者

2023 年 3 月

目录
CONTENTS

项目1 网店视觉设计基础·············· 1

项目描述 ·············· 1

课前预习 ·············· 2

1.1 网店视觉设计的目的与原则 ········· 3
   1.1.1 注重网店实用性及功能性 ······· 3
   1.1.2 注重网店视觉设计的审美性及艺术性 ·············· 3
   1.1.3 注重网店视觉设计的统一性 ·············· 3

1.2 认识视觉设计的元素 ············· 4
   1.2.1 点 ·············· 4
   1.2.2 线 ·············· 4
   1.2.3 面 ·············· 5

1.3 网店的色彩搭配技巧 ············· 5
   1.3.1 色彩分类 ·············· 5
   1.3.2 色彩属性 ·············· 5
   1.3.3 色彩调性 ·············· 8
   1.3.4 色彩对比 ·············· 9
   1.3.5 色彩搭配 ·············· 10

1.4 网店的文案创作 ·············· 11
   1.4.1 文案的策划要点 ·············· 11
   1.4.2 文案的写作技巧 ·············· 12

1.5 网店的文字设计 ·············· 12
   1.5.1 字体的性格及常用字体 ········· 13

   1.5.2 网店字体设计及运用原则 ·············· 14
   1.5.3 文字的排版技巧 ·············· 14

1.6 网店的页面布局 ·············· 15
   1.6.1 页面布局设计的基本原则 ·····15
   1.6.2 巧用辅助线 ·············· 16

项目实践：鉴赏网店首页色彩与字体的应用 ·············· 16

项目拓展：网店美工的自我提升 ········· 18

思考与练习 ·············· 19

项目2 网店商品图片实拍·············· 20

项目描述 ·············· 20

课前预习 ·············· 21

2.1 商品图片拍摄的要求 ············· 22
   2.1.1 突出商品 ·············· 22
   2.1.2 画面清晰且大小适中 ········· 22
   2.1.3 足够多的细节展示 ········· 22
   2.1.4 准确还原商品色彩 ········· 22

2.2 拍摄器材的选择 ·············· 23
   2.2.1 相机的选购要素 ·············· 23
   2.2.2 常用的辅助器材 ·············· 24
   2.2.3 相机的持握方式 ·············· 25

2.3 拍摄场景与布光 ·············· 26

2.3.1 拍摄场景 ············ 26
2.3.2 光的特性 ············ 27
2.3.3 常见的布光方法 ········ 28

2.4 不同材质商品的拍摄技巧 ····· 29
2.4.1 吸光类商品拍摄 ······· 29
2.4.2 反光类商品拍摄 ······· 29
2.4.3 透明类商品拍摄 ······· 29

2.5 构图的技巧 ············· 30
2.5.1 认识主体、陪体和背景 ··· 30
2.5.2 取景方位与取景角度 ····· 31
2.5.3 常用的构图方式 ······· 32

2.6 商品拍摄的基本流程 ······· 33

项目实践：女式夏季麻布服装实拍 ···· 34

项目拓展：曝光三要素及其对画面
　　　　　的影响 ············· 37

思考与练习 ················ 38

项目3　网店商品图片
　　　　精修 ············ 39

项目描述 ················· 39

课前预习 ················· 40

3.1 认识图像处理软件Photoshop ···· 41
3.1.1 菜单栏与标题栏 ······· 41
3.1.2 工具箱与工具选项栏 ····· 42
3.1.3 面板与状态栏 ········· 42

3.2 掌握常用的调色命令 ······· 43
3.2.1 亮度/对比度 ·········· 43
3.2.2 色阶 ·············· 44
3.2.3 曲线 ·············· 46
3.2.4 色相/饱和度 ·········· 49
3.2.5 色彩平衡 ··········· 50

3.3 掌握常用的修图工具 ······· 51
3.3.1 污点修复画笔工具 ······ 51
3.3.2 修补工具 ··········· 52
3.3.3 "内容识别"命令 ······· 52
3.3.4 仿制图章工具 ········· 53

3.3.5 "智能锐化"滤镜 ······· 54

项目实践：BB霜图片精修 ······· 55

项目拓展：液化修饰使人物形象更
　　　　　完美 ············· 65

思考与练习 ················ 67

项目4　网店首页视觉
　　　　设计 ············ 68

项目描述 ················· 68

课前预习 ················· 69

4.1 网店首页的主要功能 ······· 70
4.1.1 展示形象 ··········· 70
4.1.2 展示商品 ··········· 70
4.1.3 推广与营销 ·········· 70
4.1.4 引流 ············· 70

4.2 网店首页的核心模块 ······· 70
4.2.1 店招与导航栏 ········· 70
4.2.2 海报 ············· 70
4.2.3 优惠活动 ··········· 71
4.2.4 商品展示 ··········· 71
4.2.5 页尾 ············· 71

4.3 网店设计与风格定位 ······· 72

4.4 店招与导航栏设计要点 ······ 72
4.4.1 展示品牌形象 ········· 73
4.4.2 抓住商品定位 ········· 73
4.4.3 设计风格 ··········· 73
4.4.4 尺寸与格式 ·········· 73

4.5 海报设计要点 ··········· 73
4.5.1 主题 ············· 74
4.5.2 风格 ············· 74
4.5.3 构图 ············· 74
4.5.4 配色 ············· 74
4.5.5 设计规范 ··········· 74

4.6 优惠券的设计要点 ········· 75

项目实践：家居收纳网店首页设计 ···· 75

项目拓展：网店视觉设计常用图像

　　　　　　　格式 ································ **81**

思考与练习 ····································· **81**

项目5　网店主图视觉
##　　　　设计 ················ **83**

项目描述 ····································· **83**

课前预习 ····································· **84**

5.1　什么是主图 ······························ **85**

5.2　主图的设计要点 ························ **85**

5.2.1　商品图片 ······················ 85

5.2.2　卖点 ···························· 85

5.2.3　促销信息 ······················ 86

5.2.4　设计风格 ······················ 86

5.2.5　设计规范 ······················ 86

5.3　调整商品图片尺寸 ···················· **86**

5.4　裁剪商品图片 ·························· **87**

5.5　抠图 ······································ **88**

5.5.1　规则商品抠图 ················ 88

5.5.2　简单背景抠图 ················ 89

5.5.3　精细商品抠图 ················ 90

5.5.4　半透明物体抠图 ············· 93

项目实践：拉杆箱主图设计 ··········· **95**

项目拓展：批处理商品图片 ·········· **104**

思考与练习 ································· **106**

项目6　网店详情页视觉
##　　　　设计 ················ **107**

项目描述 ··································· **107**

课前预习 ··································· **108**

6.1　详情页的主要组成部分 ··········· **109**

6.1.1　焦点图 ························ 109

6.1.2　商品卖点图 ·················· 110

6.1.3　商品信息描述图 ············· 110

6.1.4　服务与售后图 ··············· 111

6.2　详情页设计的前期准备 ··········· **112**

6.2.1　深入了解商品 ··············· 112

6.2.2　进行市场调查 ··············· 112

6.2.3　分析调查结果，确定设计

　　　　思路 ······················ 112

6.3　详情页的设计要点 ·················· **113**

6.3.1　引发消费者的兴趣 ·········· 113

6.3.2　激发消费者的潜在需求 ······ 113

6.3.3　赢得消费者的信任 ·········· 113

6.3.4　促使消费者下单 ············· 113

6.4　详情页的设计规范 ·················· **114**

6.4.1　尺寸 ··························· 114

6.4.2　图片大小与格式 ············· 114

6.4.3　版面布局 ····················· 114

6.4.4　设计风格 ····················· 114

项目实践：卡通水杯详情页设计 ······ **116**

项目拓展：图片的切片 ·················· **122**

思考与练习 ································· **124**

项目7　网店推广图视觉
##　　　　设计 ··············· **126**

项目描述 ··································· **126**

课前预习 ··································· **127**

7.1　智钻图的视觉设计 ·················· **128**

7.1.1　智钻图的展现方式 ·········· 128

7.1.2　智钻图的投放步骤 ·········· 128

7.1.3　智钻图的设计要点 ·········· 129

7.2　直通车图的视觉设计 ··············· **129**

7.2.1　直通车图的投放位置 ········ 129

7.2.2　直通车图的投放目的

　　　　和策略 ···················· 130

7.2.3　直通车图的设计要点 ········ 130

项目实践①：制作智钻图 ··············· **131**

项目实践②：制作直通车图 ············ **133**

项目拓展：H5页面 ······················ **137**

思考与练习 ································· **141**

项目8　网店视频拍摄 ····· 142

项目描述 ···································· 142

课前预习 ···································· 143

8.1　网店视频拍摄器材的准备 ····· 144
 8.1.1　拍摄设备 ······················ 144
 8.1.2　稳定设备 ······················ 144
 8.1.3　灯光设备 ······················ 144
 8.1.4　外置麦克风 ·················· 145
 8.1.5　其他辅助设备 ·············· 145

8.2　网店中的视频类型 ·············· 145

8.3　网店视频拍摄的要求 ··········· 146

8.4　网店视频拍摄的流程 ··········· 147
 8.4.1　了解要拍摄的商品 ········· 147
 8.4.2　制订拍摄方案 ·············· 147
 8.4.3　布置拍摄场景 ·············· 147
 8.4.4　清点和检查设备、道具 ··· 147
 8.4.5　拍摄视频 ···················· 148

8.5　网店视频拍摄的技巧 ··········· 148
 8.5.1　画面构图的设计 ··········· 148
 8.5.2　用单反相机拍摄视频的
   方法 ························ 149
 8.5.3　网店视频拍摄的注意
   事项 ························ 150

项目实践：拍摄迷你电热杯主图视频 ··· 150

项目拓展：运动镜头 ················ 152

思考与练习 ···························· 154

项目9　网店视频的后期
    制作 ·················· 155

项目描述 ···································· 155

课前预习 ···································· 156

9.1　认识视频编辑软件Premiere ········ 157

 9.1.1　菜单栏 ······················ 157
 9.1.2　"源"面板 ·················· 157
 9.1.3　"节目"面板 ·············· 158
 9.1.4　"项目"面板 ·············· 158
 9.1.5　"工具"面板 ·············· 158
 9.1.6　"时间轴"面板 ············ 158

9.2　视频的制作流程 ·················· 158
 9.2.1　视频导入与捕获 ··········· 158
 9.2.2　视频剪辑 ···················· 158
 9.2.3　视频调色 ···················· 159
 9.2.4　添加转场与特效 ··········· 159
 9.2.5　添加音乐或旁白 ··········· 159
 9.2.6　添加字幕 ···················· 159
 9.2.7　视频输出 ···················· 159

9.3　视频剪辑与制作的原则和技巧 ··· 159
 9.3.1　镜头组接 ···················· 159
 9.3.2　画面转场 ···················· 160

**项目实践：后期制作迷你电热杯
    主图视频** ············· 162

项目拓展：手机视频剪辑App ········ 169

思考与练习 ···························· 170

项目10　综合练习 ·········· 171

项目描述 ···································· 171

课前预习 ···································· 172

10.1　服装类网店分析 ················ 173

10.2　版式布局与配色分析 ·········· 173
 10.2.1　版式布局 ·················· 173
 10.2.2　配色分析 ·················· 174

项目实践：童装网店页面设计 ········ 175

项目拓展：上传图片到素材中心 ······ 186

思考与练习 ···························· 188

项目 **1**

网店视觉设计基础

在实体店中消费者可以直接感知商品质量，而在网店中消费者只能通过图片、文字、视频等进行查看，间接了解商品。在拥有海量网店的购物网站中，如何通过视觉设计让网店从众多竞争对手中脱颖而出，吸引消费者下单，是进行视觉设计时需要重点考虑的问题。本项目将介绍一些网店视觉设计的基础知识，包括网店视觉设计的目的与原则、视觉设计的元素、网店的色彩搭配技巧、网店的文案创作、网店的文字设计、网店的页面布局等，为后续介绍网店的各种排版设计打好基础。

⊙项目描述

网店视觉设计如同实体店的装修，漂亮恰当的网店视觉设计能够更大限度地提升网店形象，有利于网店品牌的形成，从而更顺利地吸引和留住消费者；合理的规划和精心的设计也会让消费者有更多的信任感，使其产生购买欲望，从而促成更多的交易。

网店视觉设计实际上就是通过图形图像处理软件对商品图片进行修饰，利用美学设计理念添加素材和文案并对其进行组合，给人以舒适、直观的视觉感受，让消费者从中了解网店及其商品信息。在这一过程中，网店美工就是网店视觉设计的执行者，要完成网店视觉设计工作，网店美工必须掌握相关的基础知识。

【课前预习】

预习课程	网店视觉设计基础
预习内容	1. 在网络中搜索并浏览网店视觉设计的相关资料。 2. 阅读本项目内容，熟悉本项目的知识结构。 3. 阅读下面的案例并回答问题。 　　　　　新入职网店美工这个岗位，不能出色完成工作的原因是什么？ 很多网店美工刚开始做网店视觉设计时，在得知设计需求后，不知道如何运用色彩、字体，不知道如何规划和梳理版面中的内容。这不仅浪费设计时间，而且很容易导致设计出来的作品被返回来，要求进行修改甚至重新设计。 思考：（1）做好网店视觉设计有规律可循吗？ （2）想要做好网店视觉设计需要掌握哪些基础知识？
学习目标	1. 了解网店视觉设计的目的和原则 2. 认识视觉设计的元素 3. 熟悉色彩的基础知识和搭配技巧 4. 熟悉网店文案的策划要点和写作技巧
技能目标	1. 掌握色彩的搭配技巧 2. 掌握文案的写作技巧 3. 掌握页面布局的方法
素养目标	提高审美素养
预习时间	20 分钟

1.1　网店视觉设计的目的与原则

　　网店视觉设计的表象是视觉呈现，核心目的是营销，就是使消费者在通过视觉设计了解商品和品牌的同时达成交易，甚至成为该品牌的忠实顾客。

　　网店美工应重视视觉营销，通过视觉效果的打造提升整体导购环境的质量及消费者的感官体验。下面对网店美工应遵循的网店视觉设计原则进行介绍。

1.1.1　注重网店实用性及功能性

　　注重网店实用性及功能性，应做到主体鲜明突出，一目了然，将商品的信息准确地传达给消费者，促使消费者浏览网店。网店美工在设计网店前，需要有一个明确的思路，即确定一个大框架，在该框架中标明网店店主要卖什么商品，这些商品有什么特点，可以选择哪些元素进行设计，网店的风格是什么，这样可以真实地展现商品。

1.1.2　注重网店视觉设计的审美性及艺术性

　　立意与主题明确后，页面布局和表现形式等成为网店视觉设计的核心，设计网店页面应做到意新、形美、变化而又统一。设计网店页面并不是随心所欲地在页面中添加图片或其他元素，想要让网店页面和谐、美观，必须遵循以下基本审美与实用原则。

　　色彩搭配协调。先确定主色，主色与商品的属性密不可分。网店美工在选好主色的基础上挑选配色，保证配色都跟主色高度协调，确保同一个页面中的颜色不超过3种（指不超过3种色相。在单个色相中可以通过改变颜色的明度或饱和度来丰富页面色彩）。

　　文字编排合理。字体应与商品的属性、内容相匹配。网店美工应确保同一个页面中的字体不超过3种，字体太多会显得页面杂乱无章；还应合理调整字号、字体颜色和行间距等，将标题放在醒目的位置，让文字与背景区分开，保证内文的易读性，易读性是基本的诉求。

　　布局简洁大方。在设计网店页面的过程中，简洁大方是不变的原则，突出商品的气质尤为重要。网店美工要把握好页面的功能，正确地将点、线、面融入页面，设计出对比明显的页面。

　　商品分类明确。商品分类明确能让消费者快速找到需要的商品。在设计网店页面的过程中，网店美工应将商品按照种类或价格分成不同的类别，让消费者一看分类列表就能找到目标商品，从而提升消费者的购买体验。

　　注重艺术创意。网店的视觉设计除要符合大众审美外，还应添加一些独特的视觉效果。网店美工在考虑网店本身特点的基础上，可以大胆创新，增强页面的趣味性和独创性，让网店更有特色。

1.1.3　注重网店视觉设计的统一性

　　为了达成网店形象的一致性与一贯性，网店美工应该运用统一的设计思路，用完美的视觉一体化设计，实现信息的个性化、明晰化、有序化，完成网店在各种形式的传播媒体中的形象统一。

　　行业属性突出。每个行业都有其特定的属性。设计网店页面前，网店美工一定要明白商品及行业属性，然后在此基础上设计页面。

网店风格统一。网店风格决定了消费者最直接的视觉体验，网店定位与网店经营的商品决定了消费群体，所以保证网店整体风格的统一是网店视觉设计的重中之重。一些优秀的网店美工会根据品牌和商品的特点来设计网店风格和页面，使网店的首页、商品主图（以下简称"主图"）、商品详情页（以下简称"详情页"）、分类栏、网店公告和背景音乐等项目都保持统一风格和形式；而对于每个项目的设计，网店美工会通过页面间的文、图的整体组合与协调性的编排，使页面具有秩序美、条理美，从而获得更好的视觉效果。

1.2 认识视觉设计的元素

图1-1

平面设计以点、线、面为主要元素，无论设计作品的内容与形式有多复杂，它最终都可以简化为点、线、面。

图1-1中的点、线、面非常好区分，画面中的圆形和价格可以理解为点，商品文案可以理解为线，商品和水花背景可以理解为面。

在平面设计中，只有合理地运用点、线、面，才能设计出精致的作品。下面来了解一下点、线、面在网店视觉设计中的运用。

↘ 1.2.1 点

在平面设计中，点不是传统意义上的概念，所有的元素都可以视为点，只是它们的形态各有不同。点的形式丰富，既包含圆点、方块、三角形等几何图形，也包含绿叶、花瓣、玻璃、碎石等具体的物体图形。

点是最小的一种视觉表现形式，具有汇聚视线的作用。例如，图1-2所示的价格所在的圆形区域可以理解为点，用于凸显文字内容。点在网店视觉设计中的意义，还在于点缀、活跃、丰富画面，烘托气氛。例如，图1-3所示的背景中的心形图案可以理解为点，点分布在文字周围，既丰富了画面内容，又烘托了气氛。

图1-2　　　　　　　　　　　　　　　　图1-3

↘ 1.2.2 线

线不仅具有长度和宽度，还具有一定的指向性。在平面设计中，我们不仅可以利用线来分割、编排和重新布局，还可以借助线强调局部与文字信息。线分为水平线、垂直线、曲线、斜线几种，不同的线表达的情感不同。水平线和垂直线大气、明确，曲线柔和、灵动，斜线的视觉冲击力强。线代表着联系，具有引导性，贯穿整个画面。例如，图1-4就借助线强调局部与文字信息。

1.2.3　面

与点和线相比，面更能突出重点。在平面设计中，面用于呈现主要的信息，具有分量感。在视觉与心理感受上，面能更好地传达视觉信息，也更加引人注目。面具有多种形态，可以表现不同的情感。在网店视觉设计中，商品图片可以理解为面。另外，文字有时也会根据面的形状进行排布，和面实现一体化，如图1-5所示。

图1-4

图1-5

1.3　网店的色彩搭配技巧

在网店视觉设计中，用色彩带动整体画面，达到视觉上的有效统一，是非常关键的部分。这需要网店美工整合色彩素材，有效制订配色方案。因此，色彩搭配在网店视觉设计中占有相当重要的位置，了解色彩及掌握色彩搭配技巧是每一个网店美工必备的技能。下面分别对色彩分类、色彩属性、色彩调性、色彩对比及色彩搭配进行介绍。

1.3.1　色彩分类

色彩可以分为无彩色和有彩色。无彩色一般是指黑、白、灰等色彩，其他色彩都是有彩色，常见的有红、橙、黄、绿、青、蓝、紫等色彩。

1.3.2　色彩属性

色彩属性有3种，分别为色相、饱和度、明度。这3种属性既相对独立，又相互关联。色彩搭配对于网店视觉设计来说至关重要，为了更好地设计网店页面，网店美工应该先了解色彩属性。

色相。色相即各类色彩的相貌，它主要表现为某种色彩的名称。平时说的红色、蓝色、绿色等，就是指色彩的色相。

将色彩依照光谱顺序排列成环状，就得到"色相环"。把一个圆分成24等份，把"色光三原色"红色、绿色、蓝色3种色彩放在3等分割点的位置上；相邻两色等量混合，把得到的黄色、青色、洋红色等放在6等分割点的位置上；再等量混合相邻两色，把得到的6种复合色放在12等分割点的位置上；继续等量混合相邻两色，把得到的12种复合色放在24等分割点的位置上，得到24色相环，如图1-6所示。24色相环中的色相各占据15°的空间（360°÷24＝15°）。

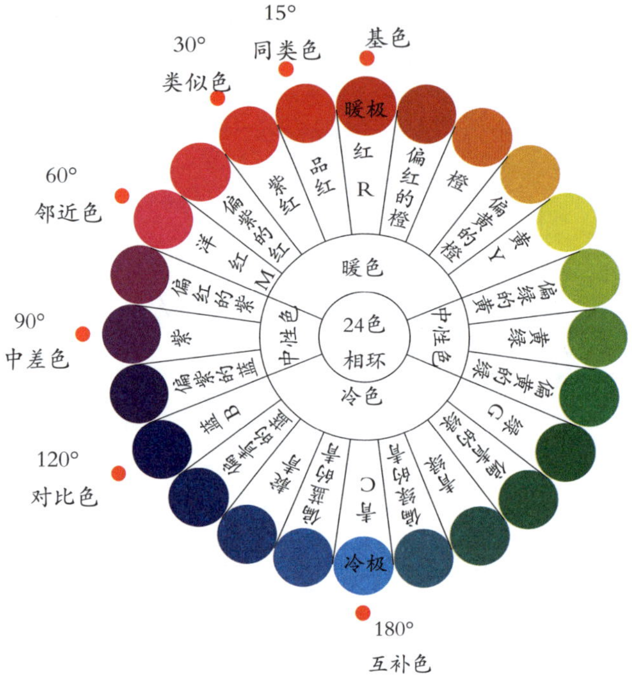

图1-6

认识色相环的好处是：网店美工根据主题思想、内涵、形式载体及行业特点等决定了作品的主色后，可按照暖色、冷色、中性色，或同类色、类似色、邻近色、中差色、对比色，以及互补色的原则快速找到辅助色和点缀色。

基色。又称为原色，通常分为两类。一类是色光三原色，即红色、绿色、蓝色；另一类是颜料三原色，即青色、洋红色、黄色。

同类色。以某一色彩为基准，与此色彩的夹角在15°以内的任意色彩均为其同类色。同类色之间的差别很小，常给人单纯、统一、稳定的感觉。

类似色。以某一色彩为基准，与此色彩的夹角在30°以内的任意色彩均为其类似色。类似色的搭配效果比同类色的搭配效果更丰富，可保持画面的统一与协调，让画面呈现出柔和的质感。

邻近色。以某一色彩为基准，与此色彩的夹角在60°～90°的两色，为邻近色关系，如24色相环中的红色与洋红色。邻近色对比属于色相的弱对比，既能使画面统一协调，又能使画面层次丰富。

中差色。以某一色彩为基准，与此色彩的夹角在90°～120°的任意色彩为其中差色，如24色相环中的红色与紫色。这些色彩的搭配效果比较丰富、明快、活跃。

对比色。以某一色彩为基准，与此色彩的夹角在120°～150°的任意色彩均为其对比色。对比色对比属于色相的强对比，容易让人感觉兴奋。但这些色彩存在较强的对比，应注意调和，如色相相互间纯度较高，则会使对比过强，这时应注意降低其中一色的纯度。

互补色。以某一色彩为基准，与此色彩的夹角为180°的两色互为补色。如24色相环中的红色与青色、绿色与洋红色、蓝色与黄色。互补色的色相对比最为强烈，应用互补色的画面比应用对比色的画面更丰富、更具感官刺激性。

暖色。沿顺时针方向，洋红色与黄色之间的色彩称为暖色。暖色调的画面会让人觉得温暖或热烈。

冷色。沿顺时针方向，绿色到蓝色之间的色彩称为冷色。冷色调的画面会让人感到清冷、宁静。

中性色。去掉暖色和冷色后剩余的色彩统称为中性色。中性色调的画面让人感觉平和、优雅、知性。

不同的色彩能给人的心理带来不同的影响。网店美工在进行网店视觉设计时，必须了解色相与情感之间的联系，有目的地运用色彩，以更好地表达设计作品的主题。例如，红色给人喜庆、热烈、激情的感觉，因此红色经常运用在一些活动页面中，可以很大程度上烘托氛围、提高消费者点击率；粉色给人纯真、甜蜜、可爱、温馨的感觉，常被用于与少女有关的商品广告中，黄色给人温暖、欢快、活跃的感觉，同时具有增强食欲感的特性，常被用于美食类广告中；绿色给人清新、希望、安全、健康的感觉，常被用于食品广告中；蓝色给人干净、清洁的感觉，常被用于洗化商品广告中。

饱和度。饱和度是指色彩的鲜艳程度，也称色彩的纯度。饱和度取决于色彩中的含色成分（指除黑、白、灰之外的颜色）和消色成分（指黑、白、灰三种颜色）的比例。消色成分含量少，饱和度就高，色彩就鲜艳，如图1-7所示。

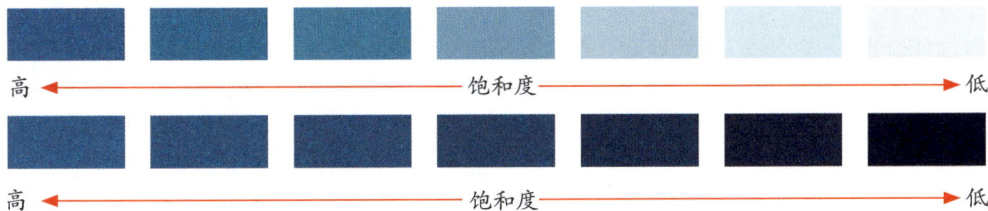

图1-7

饱和度的高低决定了画面是否有吸引力。饱和度越高，色彩越鲜艳，画面就越活泼、越引人注目；饱和度越低，色彩越朴素，画面就越典雅、安静或温和。因此我们常把饱和度高的色彩作为突出主题的色彩，把饱和度低的色彩作为衬托主题的色彩，即用饱和度高的色彩做主色，用饱和度低的色彩做辅助色。

明度。明度是指色彩的深浅和明暗程度。色彩的明度分为两种：一是同一种色彩有不同的明度，如同一种色彩在强光的照射下显得明亮，而在弱光的照射下显得较灰暗、模糊，如图 1-8所示；二是各种色彩有不同的明度，各种色彩按明度从高到低可排列为黄色、橙色、绿色、红色、青色、蓝色、紫色，如图1-9所示。另外，色彩的明度变化往往会影响饱和度，如在红色中加入黑色以后，红色的明度降低了，同时饱和度也会降低；如果在红色中加入白色，则红色的明度会提高，而饱和度会降低。

低 ←————————————— 明度 —————————————→ 高

图1-8

低 ←————————————— 明度 —————————————→ 高

图1-9

不同明度的色彩能给人带来不同的感觉。例如，高明度色彩通常给人明朗、华丽、醒目、通畅、洁净或积极的感觉，中明度色彩通常给人柔和、甜蜜、端庄或高雅的感觉，低明度色彩通常给人严肃、谨慎、稳定、神秘、苦闷或沉重的感觉。

设计经验

　　无彩色不具有色彩三属性中的色相、饱和度，它只能通过明度来表现差异。由于没有色相，故无彩色可以和任何色彩调和在一起，也可以用来凸显有彩色。此外，有彩色则拥有色彩的全部属性。

1.3.3 色彩调性

色彩调性即色调，用来表示色彩明度、饱和度的综合状态，它代表着画面色彩的整体倾向。色调的类别很多，按色彩的色相分类，有红色调、黄色调、绿色调、蓝色调、紫色调等；按色彩的明度分类，有亮色调、暗色调、中间色调；按色彩的冷暖分类，有暖色调、冷色调、中性色调；按色彩的纯度分类，有鲜艳的强色调和含灰的弱色调等。

网店美工在进行网店视觉设计时，不能随意搭配色彩，否则会让网店页面的色彩变得杂乱无章，导致消费者产生视觉疲劳。为了营造和谐的视觉效果，使画面的整体感更强，网店美工应保证网店页面色调的统一。在进行网店视觉设计的时候，网店美工一定要合理搭配色彩，因为色彩的主次关系将决定网店整体的风格。优秀作品的色彩主次关系是很清晰的。按照功能进行划分，网店视觉设计作品中的色彩可以分为主色、辅助色和点缀色，如图1-10所示。

主色。主色是在页面中占用面积最大、最能吸引消费者的色彩，它决定了网店的整体风格。主色不是随便选的，通常会将品牌Logo的色彩作为主色；有时候也会根据品牌受众的心理，确定一种易于被品牌受众接受的色彩作为主色。例如，化妆品网店可能会选择清新的蓝色作为主色，水果网店可能会选择绿色、黄色作为主色。

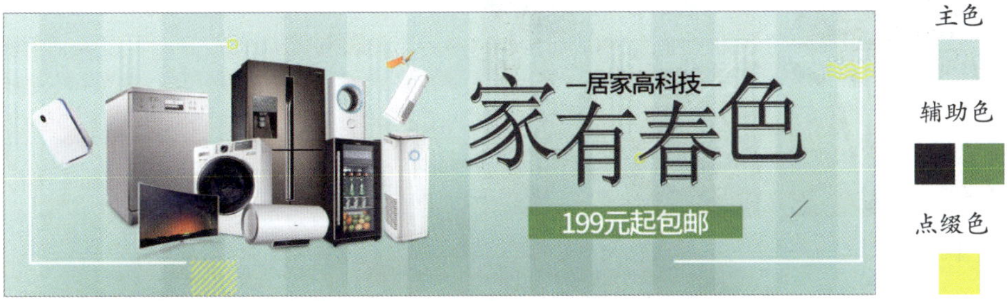

图1-10

辅助色。辅助色在页面中的占用面积小于主色。辅助色通常是指补充主色的色彩，起辅助作用，主要用来平衡画面、丰富画面，使画面更加完整，同时让画面更有层次感。

点缀色。点缀色是与主色相对的色彩，其占用面积小，但比较醒目。点缀色通常为高饱和度、高明度的色彩，在页面整体比较沉闷且色彩单一、饱和度不高的时候，可以用来活跃气氛。图1-11所示页面以暗色为主色，展现了商品的质感；大面积的暗色搭配少量的绿色、红色等鲜明色彩，使页面主次分明、富有变化，表现了商品高级、华丽的特点。

图1-11

↘ 1.3.4　色彩对比

色彩对比是指色彩之间的差别。通过对比，才能突出色彩的特点和个性，增强色彩的视觉效果和冲击力。色彩对比分为色相对比、明度对比、纯度对比和冷暖对比，下面分别进行介绍。

色相对比。色相对比指利用色相之间的差别进行对比。色相对比的强弱程度取决于色相在色相环上的距离（角度），距离（角度）越小，色相对比越弱，反之则色相对比越强。

明度对比。明度对比指利用色彩的明度差别进行对比。色彩间明度差别的大小，决定了明度对比的强弱。通常情况下，明度对比较强时，对应的页面清晰度也较高；而明度对比较弱时，页面会显得柔和，但整体不够鲜明。图1-12所示的页面背景展示了橙色的明度对比效果。

纯度对比。纯度对比指利用纯度之间的差别进行对比。纯度对比强的画面，在视觉上更加明朗、富有生气，如图1-13所示；纯度对比弱的画面，视觉效果也相对较弱，

图1-12

图1-13　　　　　　　　图1-14

并且清晰度较低，适合近距离观看，如图1-14所示。

冷暖对比。红、黄、橙等暖色能给人带来温暖、热情的感觉；蓝、绿、紫等冷色能给人带来凉爽、低调的感觉。在网店视觉设计中，如果在大面积的相似色中设计小面积的对立色，画面的视觉冲击力、意境感会很强烈。例如，图1-15所示的画面选用了粉色和蓝色进行搭配，其中粉色更醒目，很好地凸显了商品。

1.3.5　色彩搭配

配色之前，首先要选好主色，只有选好主色才能进行配色。下面介绍网店视觉

图1-15

设计中几种常见的配色方法。

同类色搭配。同类色搭配就是采用同一个色相的色彩进行搭配，这种搭配比较单一，是色彩搭配中最简单、最直接的方法。同类色是指一个色相中的色彩，并不特指一种色彩，同类色搭配指的是同一个色相的不同明度、不同饱和度、不同冷暖的两种或多种色彩之间的互相搭配。网店美工通常为了获得更加统一、和谐的视觉效果，以商品色彩为主色，然后使用同类色打造画面，这样的色彩搭配会让画面的整体感更加强烈，如图1-16所示。

相邻色搭配。在色相环中挨得比较近的就是相邻色，如黄色和橙色、橙色和红色、绿色和蓝色等，相邻色因为互相邻近，有很强的关联性，非常协调，相邻色搭配能使画面非常和谐统一，制造出一种柔和、温馨的感觉，如图1-17所示。因为相邻色在色相环中相距较近，所以这种搭配的视觉冲击力较弱。

图1-16 　　　　　　　　　　　图1-17

对比色搭配。对比色搭配符合自然平衡规律，因为对比色在色相环中相距较远，所呈现的效果对比强烈，在视觉设计中经常被使用。这样的色彩搭配会使作品非常出彩，不会显得单调。例如，图1-18所示的海报就运用了冷暖对比色搭配，整个海报相当精彩，可使消费者将视线集中到黄色商品上。

互补色搭配。在色彩搭配中，互补色搭配的效果是最强烈的，这种搭配能给人带来强烈的视觉冲击，给人留下深刻的印象。常用的互补色有：红色和青色、蓝色和洋红色、黄色和蓝色。将互为补色的两种色彩的饱和度都调到最高，能使画面的气氛最为热烈，视觉冲击感也最

强。图1-19所示的画面运用了红色与青色进行设计，增强了画面的空间感，突出了商品。

图1-18	图1-19

1.4　网店的文案创作

网店视觉设计的最终目的是吸引消费者达成交易，这就需要网店视觉设计向消费者传递商品的特征、功能、用途，以及活动内容和提供的服务等信息。虽然图像与色彩的表达效果直接而强烈，但它们在信息传递上有所不足，这时文案就是最有力的支持。在网店视觉设计中运用文案不仅能够清晰、明白地传递信息，还能调动消费者的情绪。

1.4.1　文案的策划要点

运用文案不只是在特定的地方添加对应的文字，更需要通过文字的运用来引导消费者消费。网店页面主要包括首页、详情页和活动页等，这些页面的文案主要包括网店、商品以及促销活动等的说明。不同的页面，需要的文案也有所不同。网店美工想要写出优秀的文案，就要进行明晰的文案策划。一般来说可以从文案的主题、受众群体和目的来进行策划。

文案的主题。文案的主题主要表现在两个方面。一方面是以表现商品的特点为主题，例如，图1-20所示的宠物去味消毒液海报以商品的特点"去味/消毒/清新三效合一"为主题；另一方面是要和消费者的实际利益挂钩，以折扣、满减等促销信息为主题吸引消费者，例如，图1-21所示的冰洗商品促销海报以"保价30天"为主题。

图1-20	图1-21

文案的受众群体。网店美工编写文案前，先要找准文案的受众群体，针对这部分人的需求进行具体分析。网店美工在写作文案时要将受众群体的需求与商品特点相结合，并分析淡旺季、相关行业详情等，如在旺季可以加大促销力度。网店美工只有根据分析结果写作的文案才能吸引消费者，引起消费者的注意。

文案的目的。文案不仅要清楚地表达商品的特点，还要达到吸引消费者、促进商品销售的目的。除此之外，文案还要提高品牌的知名度，加深消费者对品牌的印象。

1.4.2　文案的写作技巧

文案在营销中发挥着重要的作用。好的文案能够突出商品的卖点、吸引消费者的注意、增强品牌的影响力；它相当于一名优秀的导购，不仅能很好地介绍商品，还能消除消费者的顾虑。网店美工只有掌握一定的文案写作技巧，才能写出优秀的网店文案。

从基本信息找卖点。网店美工对商品的基本信息进行了解，从商品的购买人群、材质、功能等出发，找到文案的关键词，用关键词体现商品的品质、服务等卖点。

了解同行的商品信息。正所谓"知己知彼，百战不殆"，网店美工不仅要了解自己商品的特点，还要将其与同行的商品信息进行对比分析，从中吸取经验，结合自己的商品特点优化文案。

巧妙对比，凸显专业性。在同类商品中，网店美工若要体现商品的专业性，在文案中可以从两方面进行表述：一是与同行对比，从细节上凸显自己商品的质量；二是通过专业知识告诉消费者如何判别商品的真假。这种方法多用于详情页文案的写作。

彰显品质，增强消费者对商品的信心。从营销的角度抢占消费者的心智制高点，可使用"热卖""畅销"等词语暗示商品的可靠性、受欢迎程度。例如，编辑文案时，网店美工不仅应该说明商品的质量好、服务好，还可以添加一些激励性的文字，如"品牌享誉中外"，说明该商品受到很多消费者的青睐，这也暗示了商品质量、服务等都比较有保障，能增强消费者对商品的信心，使其放心购买。

对于低价商品，强调其品质。若商品本身的价格较低，容易引起消费者对于质量的担忧，那么此时除了使用图片表现品质外，网店美工还可以使用文案来重点突出商品品质。这种方法多用于主图和详情页文案的写作。

对于高价商品，强调其价值。若商品本身的价格高，那么网店美工就要从商品价值出发，说明商品为什么价格高，解答消费者的疑问。

抓住消费者的痛点。商品用于解决什么问题？消费者的购买动机是什么？文案可以从这些问题出发，抓住消费者的痛点，刺激其消费。

消除消费者的疑虑。要提升消费者对商品的信任，消除消费者的疑虑，网店美工可以通过强调商品品牌文化和售后服务等来实现。

1.5　网店的文字设计

有了文案后，网店美工就要考虑怎样将其与图片进行融合，此时就需要对文案进行良好的视觉表现。合理的文字设计能够增强版面的视觉效果，能更直观地向消费者传达商品的信息，引导消费者浏览和购买商品。网店美工在进行文字设计时，要根据不同的版面要求使用不同的文字，以充分表达设计主题，并让版面更美观。因此，网店美工需要充分了解文字排版的基础知识。下面将分别介绍字体的性格及常用字体、网店字体设计及运用原则、文字的排版技巧。

↘ 1.5.1　字体的性格及常用字体

性格是表现在每个人的态度与行为方面的较为稳定的心理特征，是个性的重要组成部分。其实可以将不同字体看作性格不同的人。不同的字体会呈现出不同的字体性格特征，所谓字体的性格特征，就是通过对字体的笔画细节以及字体构造进行不同的处理，产生差异化，从而塑造出不同的字体风格，从字形结构上看，低矮扁宽的字形给人一种敦厚的感觉，而松散的字形则会给人一种随性的感觉。好的字体设计，能在第一时间准确地传达字体的性格。在网店视觉设计中，不同风格的页面需要搭配不同的字体，下面介绍网店视觉设计中比较常用的一些字体。

宋体。 宋体字形方正、纤细优雅，笔画横细竖粗，具有浓厚的文艺气息，常用于设计女性商品宣传图。常用的宋体类型有粗宋、中宋、仿宋等，其中，粗宋适合用于设计标题，中宋适合用于设计重点文字，仿宋适合用于设计内文。图1-22所示为宋体在化妆品海报中的应用。

黑体。 黑体的笔画粗细一致，字形平稳、刚劲有力，具有强烈的视觉冲击，常用于设计男性商品宣传图。常用的黑体类型有粗黑、大黑、中黑、细黑、雅黑等，其中粗黑适合用于设计标题；大黑、中黑适合用于设计重点文字；细黑、雅黑都是小型字体，因笔画够粗能保证可读性，所以常作为内文字体使用。图1-23所示为海报通过不同粗细的黑体来区分内容的层级关系。

图1-22

图1-23

书法体。 书法体具有古朴秀美、历史悠久的特征，常用于设计茶叶、笔墨、古典书籍等商品的宣传图。常用的书法体类型有楷书、隶书、行书、草书、篆体等。图1-24所示为运用书法体的页面。

美术体。 美术体的作用在于装饰，它可以有效提升网店的品位，常用于设计童装、玩具、零食、珠宝等的宣传图。常用的美术体有方正少儿简体、方正胖娃简体等。网店美工可以考虑通过对字体进行加粗、变细、拉长、压扁等操作，或添加素材自由设计各种图形化字体，加强其装饰作用，从而有效提升网店的品位。图1-25所示为运用美术体的页面。

图1-24

图1-25

↘ 1.5.2 网店字体设计及运用原则

不同字体给人的感觉是不同的，网店美工在进行网店视觉设计时需要根据商品的特征来选择和设计与其相匹配的字体。网店字体设计及运用要遵循以下原则。

要突出网店主题及商品属性。在进行字体设计时，网店美工要考虑网店主题及商品属性，保证字体与网店主题及商品属性相契合，充分体现网店及商品特性，做到形式与内容的统一。

要考虑网店的消费群体。根据网店的消费群体选用合适的字体，会使消费者在了解商品的同时对商品产生亲切感，从而产生购买欲望，促进网店的销售。例如，一些销售服饰、化妆品的网店，消费群体以年轻女性为主，就可以运用纤细、飘逸、柔美、时尚的字体，以迎合年轻女性的审美；而如果是销售茶品的网店，消费群体以中年男性为主流群体，则可以运用沉稳、内敛的字体。

要考虑字体设计的共性与个性。为增强网店的个性，网店美工在进行网店字体设计时，要让字体与众不同，使消费者易于识别并牢记网店及商品。但在凸显个性的同时，网店美工也要注意字体设计的共性。要保证设计的字体具有合理性及易读、易记的共性，在变化文字的形状和结构时，不能随意增加、减少笔画，并且要清楚所设计的文字的表达内容，力求字体的个性形象、艺术风格与意义协调一致。

↘ 1.5.3 文字的排版技巧

字体设计成功与否，不仅在于字体本身运用得是否得当，还在于字体的排版是否美观。如果画面中的文字排列不当、拥挤杂乱，不仅会影响字体本身的美感，也不利于阅读，难以产生良好的视觉传达效果。好的文字排版在视觉上应具有美感，可以提升网店品位，增加网店的点击率。下面对网店设计中常用的文字排版技巧进行介绍。

字体的选用与变化。网店美工在排版时，最好选择同系列的字体，以保证字体的一致性。通常一个页面中的字体最好不要超过3种，字体过多会显得画面杂乱，容易分散消费者的注意力。网店美工选择2~3种匹配度高的字体后，可以通过调整字体的大小、粗细、颜色等来变化字体，使文案产生丰富的视觉效果。

文字的排版层次。文字的排版并不是简单地罗列，网店美工要根据文案的主次关系，利用文字的字体、粗细、大小与颜色的变化来设计文案的层次，从而有效引导消费者浏览。设计、排版时，对于需要强调的内容，网店美工可以使用较大的字号或进行加粗处理，令其醒目；而版面中次要的内容，网店美工则可以使用较小的字号和纤细的字体。图1-26所示的页面给人的第一感觉就是比较平，容易让人产生视觉疲劳。图1-27所示的页面是对图1-26中的文案进行设计后的

图1-26

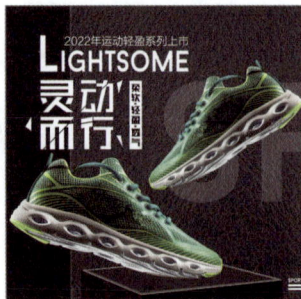

图1-27

效果，可使文案的层次变得清晰、重点更加突出，消费者一眼就能明白要表达的内容。

文字与背景要分明。文字具有易读性是消费者的基本诉求，如果文字与背景融合到了一起，消费者在阅读时就很难看清楚。因此，网店美工在进行文字排版时，要注意文字与背景分明，尽量让文字易辨识和易懂。

1.6　网店的页面布局

网店的页面布局是指在预先设定的有限版面内，网店美工运用造型元素和遵循形式原则，根据特定主题与视觉需求，将文字、图片及色彩等视觉传达信息元素，进行有组织、有目的地组合排列的设计行为与过程。为了更好地传达网店和商品信息，网店美工需要对网店页面进行布局设计。

1.6.1　页面布局设计的基本原则

页面布局设计是整个网店页面设计过程中重要的一部分。好的网店视觉设计，其页面布局一定是优秀的。网店美工想要设计出精美的页面，需要遵循页面布局设计的基本原则。

图1-28

亲密性原则。亲密性原则是指把画面中的元素进行分类，把每一个分类作为一个视觉单位划分在一起，而不是让众多元素孤立地分布于画面中。亲密性原则有助于组织信息、减少混乱，为消费者提供结构清晰的画面。例如，图1-28所示的页面将第2支牙刷倾斜，使两支牙刷之间具有紧密的联系。

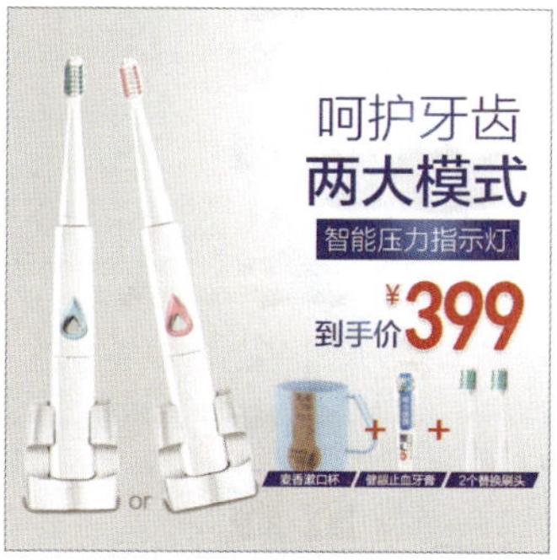

重复原则。重复原则是指视觉设计元素在整个画面中反复出现，包括颜色、形状、空间关系、字体、大小和图片等。视觉设计元素的重复既能增强画面的条理性，又可以加强画面的统一性、和谐性，如图1-29所示。

对比原则。对比原则的基本思想是避免页面中的元素太过相似，元素如字体、颜色、大小、线宽、形状、空间等过于相似容易引起视觉疲劳，不能有效突出重点。对比原则旨在让信息更准确地被传达，内容更容易被找到、被记住。网店美工通常会通过元素的大小、颜色、形状、明暗、面积等的变化来引起消费者的注意。图1-30所示的画面通过文字的形状、粗细、颜色以及文字倾斜排列与水平排列的方式，形成了很鲜明的对比，因为有了对比的效果，也使画面整体更加鲜活，不会给人很呆板的感觉。

对齐原则。页面上的任何元素都不能随意摆放，每一个元素都应当与页面上的某个内容存在某种视觉联系。对齐主要强调秩序感，这样能使版面显得清晰、精致且清爽。对齐主要包括左对齐、居中对齐、右对齐、顶对齐和底对齐等。例如，图1-31所示的页面中的文案主要使用的是居中对齐，图1-32所示的页面中的文案主要使用的是左对齐。

图1-29　　　　　　　图1-30　　　　　　　图1-31　　　　　　　图1-32

图1-33　　　　　　　图1-34

平衡原则。平衡原则是指利用视觉规律，通过元素的大小、距离、形状、疏密等变化使画面达到视觉平衡，给人以安定、诚实、信赖的感受。例如，图1-33所示的抱枕网店首页就遵循了平衡的设计原则。

留白原则。留白原则是指在页面布局中适当留出一定的空白，以起到强调、引起消费者注意的作用。例如，图1-34所示的电动挖掘机的详情页就遵循了留白原则。

↘ 1.6.2　巧用辅助线

辅助线是指在进行页面布局设计时，为了使图片和文字按照一定规则排列整齐所运用的线条。网店美工进行页面布局设计时，通常会先使用Photoshop中的参考线对版面进行划分，然后添加画面元素完成页面布局设计。

素养课堂

蔡元培认为，美育的目的在于陶冶人的感情，认识美丑，培养高尚的兴趣、积极进取的人生态度。美的事物对人有一种天生的吸引力，任何一个想要学好网店视觉设计的人，都必须具备一定的审美素养。为了提高审美素养，我们可以自学一些美术知识，掌握一些构图技巧，多看优秀的设计作品，从而提升自身的设计能力。

项目实践：鉴赏网店首页色彩与字体的应用

对优秀的网店视觉设计进行分析和学习，能够更好地帮助网店美工提升设计能力。网店美工看得越多，经验就越丰富，设计时选择色彩和字体就会变成一件非常简单的事情。下面将对图1-35所示的"盆栽摆件"网店的页面进行鉴赏，分析其色彩搭配和字体应用等，从而巩固前面所学的知识。

图1-35

鉴赏思路：

对网店首页的海报设计、优惠券设计、商品展示设计进行鉴赏。

① 查看首页海报、优惠券、商品展示板块的色彩搭配。

② 查看首页海报、优惠券、商品展示板块的字体应用。

鉴赏要点：

浏览"盆栽摆件"网店的页面时，网店美工需要遵循以下原则。

① 带着学习的目的，理性分析页面的风格和布局特点。

② 掌握网店页面的字体与色彩的搭配方法，并从中得到启示，为以后进行网店视觉设计做准备。

鉴赏步骤：

下面对"盆栽摆件"网店的页面进行鉴赏，具体操作如下。

步骤 01 进入网店页面，仔细观察后发现，该页面使用亮灰色搭配金色、绿色，给人温馨、精致之感；字体纤细，内容简约，具有文艺气息。网店中的绿色盆栽，让整个页面看起来清新自然，富有生活情趣。

步骤 02 网店首页海报的版式采用左右结构，文字在左，商品在右，文字使用与盆栽色彩相近的绿色，字体可爱，整个画面和谐生动，如图1-36所示。

步骤 03 首页海报下方为优惠券介绍区域，网店美工设置了4种面额的优惠券，并使用

了相同的样式对其进行排列，这样会让人觉得特别整齐、有规律；文字使用墨绿色，与首页海报的色彩统一，如图1-37所示。

图1-36

图1-37

步骤 04 优惠券介绍区域下方为新品专区、热销推荐、满减专区，网店美工为每个板块都精心设计了展示图片，选用优雅、精致的字体；新品专区等下方是全店商品的分类，分为6个专区，使用相同的样式进行排列，白底黑字，看起来既清楚又专业；全店商品的分类下方为新品推荐视频，如图1-38所示。

步骤 05 新品推荐视频的下方为网店商品展示板块，网店美工对商品图片进行排版设计时，遵循了平衡原则，通过元素的大小、距离、形状、间距等的变化，使版面形成非对称平衡，给人新颖、活泼的感觉，并在版面中留出一定的空白，起到强调商品的作用，如图1-39所示。

图1-38

图1-39

项目拓展：网店美工的自我提升

网店美工的工作对商品销售、商品转化率等都有重要的影响，正是由于其工作的重要性，因此网店美工除了需要有扎实的美术功底、良好的鉴赏能力及创意思维，熟练掌握Photoshop、Dreamweaver、Premiere Pro等常用的设计与制作软件，具有基本的图像处理与设计能力，对网店页面的布局及色彩的搭配有独到的见解外，还需要不断地自我提升工作能力。

需要提升文字功底，能够写出突出商品卖点的文案，并能通过图片和文字准确地向消费者展示商品的特点。网店美工还要有敏锐的判断力，能快速挖掘目标消费者的潜在需求。网店美工需要提升摄影和绘画水平，好的摄影图片可以增强商品图的美感并能节省一部分修图时间，而绘画可以让设计页面脱颖而出，现在很多网店的页面都会采用插画元素。

优秀的网店美工设计人员不仅需要具备强大的专业技能，还应跨越技术层面追求更高的转化率，懂得从运营、推广、数据分析的角度进行思考，并将想法运用到页面设计中，以提升网店的点击率，从而激发消费者的购买欲望。

思考与练习

网店美工在进行网店视觉设计时，往往会遇到一些问题，这些问题主要集中在网店的色彩搭配、文字处理、页面布局上。请针对一些共性问题进行思考。

① 怎样才能搭配出网店需要的色彩呢？

② 为什么有些文字像图形呢？它们是如何通过创意设计得到的呢？

一、选择题

1.电商海报设计中的字体设计需要遵守的一个基本原则是（　　　）

A.文字内容从商容出发　　　　　B.保证文字的可读性

C.字体风格的多样化　　　　　　D.字体设计的统一性

2.通常一个版面中的字体最好不要超过（　　　），字体种类过多会使页面显得杂乱，容易分散消费者的注意力。

A.1种　　　　　　　B.2种　　　　　　　C.3种　　　　　　　D.4种

3.由于字形方正、纤细优雅，笔画横细竖粗，具有浓厚的文艺气息，因此（　　　）常用于设计女性商品宣传图。

A.宋体　　　　　　　B.黑体　　　　　　　C.书法体　　　　　　　D.隶书

二、填空题

1.平面设计以（　　　）、（　　　）、（　　　）为主要元素。

2.色彩属性有3种，分别为（　　　）、（　　　）和（　　　）。

3.按照功能进行划分，色彩可以分为（　　　）、（　　　）和（　　　）。

三、简答题

1.简述认识色相环的好处。

2.简述什么是色彩调性。

四、操作题

1.挑选一个自己喜欢的网店（淘宝、京东、唯品会等平台上的均可），鉴赏其网店首页，分析其色彩搭配、文字排版、页面布局是否合理。

2.图1-40和图1-41为同一款商品设计的主图，通过对比分析，找出图1-40存在的问题，理性分析图1-41的色彩搭配、文字排版、布局方式等，将总结出的经验运用到自己的创作实践中。

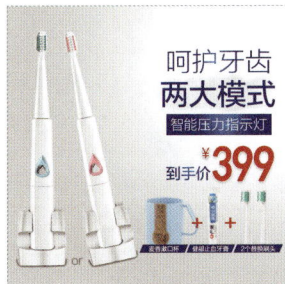

图1-40　　　　　　　　　图1-41

项目 **2**

网店商品图片实拍

在网络购物中，商品图片是消费者了解商品情况的主要途径，很多时候消费者是通过商品图片来决定是否购买该商品的，由此可见，商品图片的质量在商品销售中起着十分重要的作用。网店美工不但要把商品拍摄清晰，而且还要保证商品图片的美观性，因此网店美工需要掌握好商品拍摄的相关知识。本项目从商品图片拍摄的要求、拍摄器材的选择、拍摄场景与布光、不同材质商品的拍摄技巧、构图的技巧、商品拍摄的基本流程等系统地讲解拍摄商品图片必须掌握的专业理论知识和实操技能。

⊚ 项目描述

目前许多网店都十分重视商品图片的拍摄。高品质的商品图片能够为商品的展示增光添彩，吸引并打动消费者。由于商品的外形、材质、颜色、功能等各不相同，为了让商品在保证美观的同时展示出自身的特点，正确地进行商品信息的表达，使消费者能够全面、清晰地了解商品信息，网店美工必须掌握商品图片拍摄的基础知识和方法。

【课前预习】

预习课程	网店商品图片实拍
预习内容	1. 在网络中搜索并浏览网店商品图片的相关资料。 2. 阅读本项目内容，熟悉本项目的知识结构。 3. 阅读下面的案例并回答问题。 <div align="center">牛仔裤拍摄调研与分析</div>一家销售牛仔裤的网店，图片拍摄水平不高，影响了网店销量，因此想要重新拍摄商品图片，以提高销量。小张接到拍摄任务后，首先跟客户进行沟通，了解需要解决的问题；然后将商品品牌，以及牛仔裤的不同版型、面料等信息进行了解；之后浏览销售同类商品的各大网店，找出差异所在，并研究优秀的商品图片。策划拍摄时，小张认为既然要销售牛仔裤，就应该专注于把牛仔裤拍摄好，于是决定用模特展示出牛仔裤的品质，这对模特腿型的要求比较高，必须要靠专业的"腿模"。选好模特后，小张细细研究模特的摆姿，探究什么摆姿能在视觉上更好地展示模特的腿部线条，什么摆姿能体现各种牛仔裤的风格等。小张决定拍摄正、背、侧面的摆姿，因为线上消费者无法通过试穿去感受牛仔裤的版型，无法感受面料的舒适度，所以小张对牛仔裤进行精细化拍摄，让消费者通过图片来感受牛仔裤的品质、版型和面料。 思考：（1）你认为小张的拍摄流程对吗？ （2）拍摄商品细节时，需要使用哪种镜头？
学习目标	1. 了解商品图片拍摄的要求 2. 了解相机及常用的辅助器材 3. 了解商品拍摄的场景与布光的重要性 4. 了解商品拍摄的基本构图方式 5. 了解商品拍摄的基本流程
技能目标	1. 掌握拍摄商品图片的技巧 2. 掌握布光方法 3. 掌握不同材质商品的拍摄技巧
素养目标	传递美丽中国思想，增强民族自信心
预习时间	20 分钟

2.1 商品图片拍摄的要求

商品图片是用来真实反映商品全貌和功能的，因此对网店美工所拍摄的商品图片是有要求的，一张合格的商品图片通常具备以下基本特征。

2.1.1 突出商品

突出商品是拍摄商品图片的一项重要要求，比较理想的情况是在没有任何文字说明的情况下，消费者能通过商品图片直接了解到商品的基本情况。因此在构图的时候，网店美工就要考虑使商品突出，即让消费者能被吸引到商品上。通常在拍摄简单的静物商品时，用一个简单的背景就能让商品突出，如图2-1所示。而在拍摄一些复杂商品的时候，网店美工可能需要将商品与人物、道具进行搭配，这个时候要注意与商品搭配的人物、道具等不能喧宾夺主，网店美工可以通过调整景深将搭配物或背景虚化，以便突出商品，如图2-2所示。

图2-1

图2-2

2.1.2 画面清晰且大小适中

只保留必要的元素，减少或消除会分散消费者注意力的元素，保证主体清晰、画面干净，这是拍摄商品图片的基本要求。网店美工拍摄前要对商品进行清洁，使商品能在镜头下展示真实的面貌。主体在画面中不能太大，也不能太小，否则会给人带来不舒服的视觉感受。

2.1.3 足够多的细节展示

网店通常会选择一张清晰、角度理想，能最大限度地展示商品外观的图片作为主图供消费者浏览，但即使这样也只能展示商品的一部分。消费者在实体店购物时，通常会拿起一件商品仔细看。根据这一购买需求，网店美工通常会多角度拍摄商品，以让消费者能多方面地了解商品全貌，此外还会采用近距离特写的方式来拍摄商品细节，对于小商品，网店美工则会使用专业的微距镜头呈现其细节。商品细节展示得越多，消费者通过图片获得的商品信息越充分，就越有利于商品销售。

2.1.4 准确还原商品色彩

商品色彩需要准确还原，以避免网店在商品销售后与消费者产生不必要的争端。拍摄商品图片经常会遇到图片偏色的问题。由于环境中的光线具有不同的色彩，在这些光线的照射下，整个画面包括商品会呈现不同程度的偏色。例如，在阳光下拍摄，画面会偏暖；阴天时拍摄，画面会偏冷。面对这种情况，网店美工可以在前期拍摄时通过调整相机的白平衡来还原色彩，让商品的本色尽量得到准确的展现；如果前期拍摄时不能准确还原色彩，也可以在后期处理时进行校正。

2.2 拍摄器材的选择

拍摄器材的性能对拍摄效果有着决定性的影响，所以拍摄器材的选择十分重要。网店美工如果想拍出优质的商品图片，需要对拍摄器材的相关知识有一定的了解，如相机的选购要素、常用的辅助器材、相机的使用技巧等。

↘ 2.2.1 相机的选购要素

随着数码技术的不断进步，使用手机、卡片机就能拍摄出高品质的图片，但为什么许多拍摄商品图片的网店美工都使用微单相机或单反相机呢？原因如下：单反相机成像质量高，效果广受认可；可以更换镜头，以实现不同的效果；对焦更精确，可由网店美工自己控制对焦范围；拥有更多的配件，能得到更多的效果；有更大的后期调整空间，通常使用单反相机拍摄的原片不能直接使用，需要经过调色、修饰等操作，使商品图片有更好的展示效果。

刚接触商品图片拍摄的网店美工应该如何选购单反相机呢？其实，选购单反相机不用刻意追求高配置，只要把握以下几点，网店美工就能挑选出能满足商品图片拍摄需求的单反相机。

有手动模式。单反相机有不同的拍摄模式，如光圈优先模式（佳能相机为Av/尼康相机为A）、快门优先模式（佳能相机为Tv/尼康相机为S）、手动模式（M）等，如图2-3所示。有手动模式是选购单反相机时需要考虑的重要因素之一。手动模式即M挡，它是商品图片拍摄中常用的一种拍摄模式，可操控性强（可以手动地调整相机的一些参数，如光圈、快门速度、感光度）。在拍摄环境一致或者拍摄环境光线变化不大的情况下，如果使用闪光灯拍摄，建议选择手动模式。这是因为使用光圈优先模式或快门优先模式时，每拍摄一次就要重新测光，使用手动模式拍摄则不用反复测光，这样可以有效提高拍摄效率。

可更换镜头。镜头分为定焦镜头和变焦镜头。定焦镜头可以提供柔和的虚化效果，但价格比较高；变焦镜头焦段丰富，适合一镜拍摄，因此一般而言同等级的变焦镜头要比定焦镜头差一些。不同焦段的镜头适用于不同的拍摄场景，如焦距为35mm的镜头适合远距离拍摄，以包含更多的环境信息，因此有烘托主体的作用；焦距为50mm的镜头为标准镜头，拍摄的范围接近人眼正常的视角范围，因此使用频率比较高；微距镜头用于拍摄产品的细节或者很小的商品如珠宝、首饰等；如果追求性价比，可以选择焦距为24-70mm的变焦镜头。因此，网店美工如果想拍出高品质的商品图片，就需要选购一款可更换镜头的单反相机，以满足不同的拍摄需求。

有微距功能。微距功能就是指近摄能力，是指在近距离、大倍率的拍摄条件下依然能够保持画面清晰的功能。在拍摄商品主体的细节，如拍摄衣服的拉链、针脚、标签等细节时，网店美工可以使用具有微距功能的单反相机。

有外接闪光灯的热靴插槽。热靴插槽位于相机机身的顶部，其主要作用是连接闪光灯或引闪器（连接闪光灯的一个装置）。热靴插槽如图2-4所示。

佳能相机的拍摄模式转盘　　　尼康相机的拍摄模式转盘

图2-3　　　　　　　　　　　　　　　　　图2-4

↘ 2.2.2 常用的辅助器材

在进行商品图片拍摄时，辅助器材是不可缺少的，它们可以帮助网店美工拍摄出高质量的商品图片。下面介绍几种常用的辅助器材。

三脚架。选购三脚架时最先考虑其稳定性。很多人常常认为三脚架是可有可无的配件，但商品图片的拍摄离不开三脚架，如在定点拍摄、微距拍摄时，往往需要使用三脚架稳定单反相机。三脚架如图2-5所示。

摄影灯。摄影灯在商品图片拍摄中是一个非常重要的辅助设备。在光线不足的场景中进行拍摄，网店美工一定要使用辅助光源，否则图片的噪点会非常多，仅靠后期处理是不够的。摄影灯是常用的辅助光源，它可以使拍摄不受光线的限制。摄影灯如图2-6所示。

图2-5　　　　　　　　　　　　　　图2-6

摄影台或静物箱。拍摄小型静态商品时，网店美工需要准备一个摄影台或者静物箱。摄影台具有可以四向移动的机械装置，四面均有灯光，可以看作一个小型拍摄棚，如图2-7所示。静物箱的价格不高，辅助拍摄小物件的效果非常好。静物箱如图2-8所示。

图2-7

图2-8

柔光伞。柔光伞是白色半透明的伞。使用柔光伞时，伞的凸面要对着被摄体。闪光灯的光直接射向伞面，然后经伞面透射、扩散，再投向被摄体，起柔化光线的作用。柔光伞如图2-9所示。

反光板。反光板是一种常见、价格较低、可以折叠的补光器材。它有圆形、长方形、长椭圆形等多种形状，常用的5种反光板为柔光板、黑色反光板、白色反光板、银色反光板、金色反光板。商家经常将几种反光板合在一起卖，如图2-10所示的五合一反光板。在室外使用反光板时，一般需要人工手持；在室内使用反光板时，一般使用灯架、夹子和反光板支架将其固定，如图2-11所示。

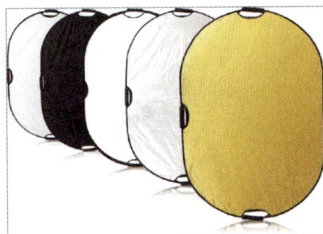

图2-9　　　　　　　　　　图2-10　　　　　　　图2-11

↘ 2.2.3　相机的持握方式

使用正确的持机姿势有利于拍摄时保持相机稳定，从而提高拍摄质量。下面介绍几种持机姿势。

横向持机。右手四指握住相机的手柄，食指放在快门上，拇指握住相机的后部，左手从镜头底部托住相机，稍微收紧双臂以减少相机的抖动。拍摄时注意不要让腕带或手指挡住镜头。横向持机如图2-12所示。

纵向持机。纵向持机与横向持机姿势类似。右手将相机竖起，左手从镜头底部托住相机，相机的重心在左手上。纵向持机如图2-13所示。

降低重心拍摄。降低重心拍摄时，右侧膝盖应支撑于地面，用左侧膝盖支持左手手肘，这样可以减少相机的抖动。降低重心拍摄如图2-14所示。

实时显示拍摄。当采用实时显示模式拍摄时，手臂容易抖动。此时应夹紧双臂，以减少相机的抖动。实时显示拍摄如图2-15所示。

图2-12   图2-13   图2-14   图2-15

2.3 拍摄场景与布光

网店美工在拍摄商品时，应根据需要布置不同的拍摄场景，并采用不同的方法进行布光，以达到更好的拍摄效果。下面对商品的拍摄场景、光的特性和常见的布光方法进行介绍。

↘ 2.3.1 拍摄场景

商品的大小和类型不同，其拍摄场景的要求也不一样，只有搭建适合商品拍摄的场景才能得到满意的拍摄效果。下面对商品拍摄常用的3种场景进行介绍。

小件商品的拍摄场景。小件商品拍摄的第一原则就是简单，简单的场景有利于拍摄出好照片，因此网店美工可以多用纯色背景进行拍摄，如黑色、白色、灰色。使用"微型摄影棚"（静物箱）能有效地解决小件商品的拍摄问题。"微型摄影棚"既可以避免布景中的麻烦，又可以拍摄出主体突出的商品图片。小件商品的拍摄场景如图2-16所示。

大件商品的室内拍摄场景。大件商品的室内拍摄对室内拍摄场地的面积、背景布置、灯光环境等都有要求，并且还应准备相应的辅助器材，如三脚架、摄影灯、静物台、反光板等。拍摄一个大件商品时，网店美工尽量选择单色背景，画面中最好不要出现其他不相关的物件。而拍摄一组商品时，网店美工最好选择简单且漂亮的背景，以免对拍摄效果产生很大的影响，同时要善用陪体营造意境。例如拍摄一组器皿，可选用暗调花卉作为背景来衬托，再添加水果、花瓣，使画面看起来丰富生动有意境，凸显出器皿的白净、有光泽，如图2-17所示。

图2-16

图2-17

大件商品的室外拍摄场景。进行室外拍摄时，主要关注的是场地，在好的场地中拍摄出来的照片在后期调整时会很省事。室外拍摄需要颜色单一、具有一定规则变化、简洁的场地。例如，欧式风格的走廊、干净的街道、林荫小道等，都经常被用作室外拍摄场地，如图2-18所示。

图2-18

↘ 2.3.2　光的特性

光，是决定商品拍摄成败的重要因素，运用不同的光拍摄的画面效果大不相同。网店美工想要将商品的材质和氛围表现出来，就要了解光的特性，处理好它们之间的关系。

光质。光质是指拍摄所用光的软硬性质，光根据这一性质可分为直射光和柔光。直射光是指直接照射到被摄体上，使被摄体有明显的背光面和受光面的光。直射光能产生清晰的投影，而且其造型效果比较硬，所以也叫作硬光，如图2-19所示。用直射光拍摄的画面明暗反差较大，对比强烈，能够将被摄体的质感很好地表现出来，同时凸显被摄体的立体感。例如，直射的阳光、聚光灯发出的光等属于直射光。直射光适用于表现一些硬质的物体，会给观者带来一种明了、强悍的感觉，如拍摄汽车、电子产品等。柔光是指照射在被摄体上不会产生明显阴影的光。它属于漫反射性质的光，光源方向不明显，拍摄的画面影调平和，如图2-20所示。例如，在阴天的时候，太阳依靠天空散射并投向被摄体的光，或是在聚光灯前面附加能使光

图2-19　　　　　　　　　图2-20

线散射的柔光箱、柔光伞等形成的光都属于柔光。柔光是商品拍摄中经常会用到的一种光，它不局限于拍摄某一类物品，只要你想表现出朦胧柔美的情调，便可使用这种光。

光位。拍摄商品时，光线所在的方位不同，其产生的画面效果也不同。按照光位的不同，光大致可分为顺光、逆光、侧光、顶光、底光。

顺光是指来自被摄体正前方的光，也就是来自相机镜头方向的光。顺光照明均匀，阴影面小，可以将商品的色彩和细节充分、细腻地表现出来，但顺光不容易体现商品的层次，会使商品缺乏立体感。

逆光是指来自被摄体后面的光。在逆光照明条件下，被摄体大部分处于阴影之中，表面纹理不够清晰，但边缘会被勾勒出明亮的轮廓。

侧光是指来自被摄体左侧或右侧的光。侧光会让被摄体形成明显的受光面、背光面和阴影，使画面明暗反差强烈，有利于表现商品的立体感。

顶光是指来自被摄体上方的光，与相机镜头呈90°。用顶光拍摄，被摄体的下方容易产

生较明显的影子，并且影子很短。

底光是指来自被摄体下方的光。这种光会产生自上而下的投影，一般常用于表现透明物体或营造气氛。

光比。光比是指被摄体表面亮部与暗部受光强弱的差别。光比大，被摄体上亮部和暗部的反差就大；反之，亮部与暗部的反差就小。通常，主光和辅光的强弱，以及相机与被摄体之间的距离，决定了光比的大小。

主光是指被摄体的主要照明光线，决定被摄体的整体亮度和光源方向，它对表现被摄体的形态、轮廓和质感起主导作用。

辅光的主要作用是提高主光所产生的暗部和阴影部分的亮度，使暗部也具有一定的质感和层次，减小被摄体亮部与暗部的反差。辅光的强度要低于主光的强度。

2.3.3 常见的布光方法

布光，就是布置灯光，即根据要拍摄的内容、主题，选择采用某些灯具对被摄体进行打光，营造某种光线效果的过程。布光是为了保证商品必需的光亮，可以让商品的颜色更鲜艳、细节更明显。一般情况下，商品图片拍摄得越好，消费者的购买欲望越强烈。

拍摄商品时，在布光上主要应把握好3点：一是选择不同光质的光源，二是布置好光位，三是控制好光比。

有效布光可以使商品图片清晰干净、色彩准确、光线均匀、有立体感。商品拍摄的布光方法有多种，下面介绍3种常用的布光方法，网店美工可以根据自己的需要灵活使用。

正面两侧布光。在被摄体的前方采用一左一右呈45°角的位置布光。正面两侧布光是商品拍摄中常用的布光方法。正面两侧光为主光，让商品表面受光均匀，没有暗角与阴影，如图2-21所示。

顶部布光。在被摄体的上方采用一左一右呈45°角的位置布光。顶部布光能让商品顶部受光，比较适用于拍摄外形扁平的商品，不适用于拍摄立体感强、偏修长的商品，如图2-22所示。

前后交叉布光。分别在被摄体的前方和后方呈45°角的位置布光，形成对角线。前后交叉布光时，前侧光为主光，后侧光为辅光，增强商品的层次感，让商品更立体，如图2-23所示。

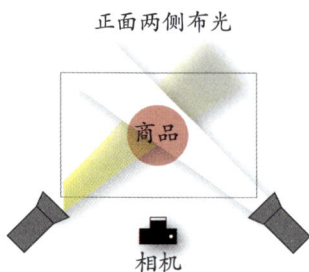

图2-21

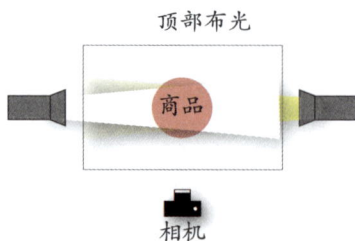

图2-22

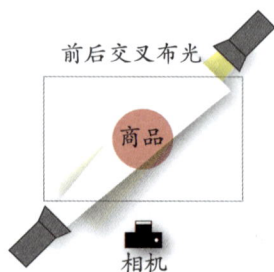

图2-23

2.4 不同材质商品的拍摄技巧

在商品图片拍摄中，商品质感的表现尤为重要。不同的材质对光线有不同的反射效果，在拍摄不同材质的商品时，网店美工应该使用相应的拍摄技巧。下面分别对吸光类商品、反光类商品和透明类商品的拍摄技巧进行介绍。

2.4.1 吸光类商品拍摄

吸光类商品是最常见的商品之一，棉麻制品、纤维制品、木制品及大部分塑料制品等都属于吸光类商品，如图2-24所示。吸光类商品的最大特点是在光线照射下会形成完整的明暗层次，其中，最亮的部分显示光源的颜色，明亮部分显示商品本身的颜色，亮部和暗部的交界部分显示商品的表面纹理和质感，而暗部则基本不显示商品的任何特征。这类商品的表面不容易反光，拍摄时，光以侧光、侧顺光为主，灯光的照射高度不宜太高，这样才会让商品产生一些阴影，凸显商品表面的明暗层次，让商品更有立体感和质感。

2.4.2 反光类商品拍摄

反光类商品表面光滑，如金属饰品、瓷器等，如图2-25所示。这类商品的表面会反光，因此很容易反射出周边环境中的物体，直接拍摄便不会出现柔和的明暗过渡，并且画面的明暗层次不明显。拍摄此类商品时，网店美工通常采用较柔和的散射光或间接光源（反光板反射的光线）。在拍摄时可以将大面积的柔光箱置于商品两侧并尽量靠近商品，这样可以形成大面积的柔光，将商品反射的光弱化，使商品明亮且富有质感。

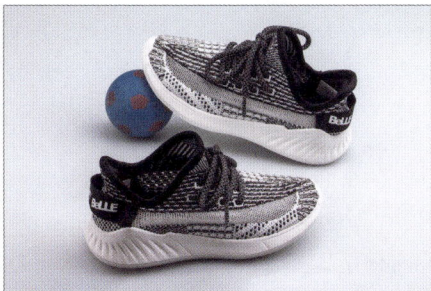

图2-24

图2-25

2.4.3 透明类商品拍摄

透明类商品根据其透明的程度，可以分为半透明商品，如塑料制品、磨砂玻璃制品、玉石制品；透明商品，如玻璃制品、水晶制品。

拍摄这类商品的重点是用逆光形成透射光。逆光的强度不同，其穿透透明类商品的程度也不同，从而使商品有厚重感或清透感。因此在拍摄透明类商品时，透射光的使用决定了整张商品图片的效果。

透明类商品在浅色背景中的拍摄技巧：利用底光将商品拍得晶莹透亮。将透明类商品摆放在透明的玻璃平台上，使用浅色背景，在玻璃平台的下方布置照明光线，或者将灯光直接打在背景上，形成反射光，照亮商品，使商品产生清透感，并具有黑色轮廓线条，如图2-26

所示。网店美工使用黑色的倒影板及黑色的背景布，用带有柔光箱的摄影灯从商品两侧打光；或在商品顶部打光，两侧安放黑色反光板，勾出白色轮廓线条。此时的光线通常是通过反射得到的逆光或侧逆光，网店美工可以根据需要通过灯光的色彩或反光板的色彩对其色彩进行调节。从背景透过来的光在商品的两侧形成了夹光，起到了强化轮廓的作用，很好地表现出了商品的透明质感，如图2-27所示。

图2-26　　　　　　图2-27

2.5　构图的技巧

　　商品图片拍摄在构图方面遵循摄影的一般构图要求，只是某些方面的要求更高、更细。因为商品图片是根据网店美工的主观意图拍摄出来的，所以其构图就要更加完整、严谨，画面中各物体之间的关系也要更合理。

　　构图，就是安排画面中的各种因素，这其中包括主体的位置、陪体与主体的关系、背景对主体的衬托、光线的运用、质感的表现、影调与色调的组织与协调、画面气氛的营造等。

2.5.1　认识主体、陪体和背景

　　在学习构图前，先要了解一张图片的构成，即主体、陪体和背景。

　　主体。主体占据着画面中的显著位置，它可以是一个商品，也可以是一组商品。在一张图片中，最吸引人注意的位置被称为视觉中心。好的构图就是把主体放在视觉中心，然后通过调整虚实、控制明暗或者改变焦距等操作来突出主体。例如，图2-28中的主体为蛋挞，器皿、麦穗等为陪体，拍摄时将焦点放到蛋挞上，通过虚化背景来突出主体。

　　陪体。陪体是对主体的有力衬托，能够起到突出主体的作用，使用陪体时应避免陪体喧宾夺主，网店美工在拍摄时灵活使用陪体，可以使画面更生动。例如，图2-29中的主体为草编包，身穿白色碎花裙的人物为陪体，交代了草编包的使用场景，并在草编包中插入一束花作为装饰，让画

图2-28　　　　　　图2-29

面有了层次，给人既生动又富有活力的感觉。

背景。主体后面的一切景物统称为背景，背景起衬托主体的作用。在商品图片拍摄中，好的背景应尽量简洁，并能够与主体呼应，有效地衬托主体。图2-30所示的商品图片中，背景采用与商品上的粉色相近的色彩，如此搭配既能衬托商品，又能使画面色调统一。

↘ 2.5.2 取景方位与取景角度

取景方位是指网店美工拍摄的角度，而取景角度是指相机与商品所处位置的高低、视角变化有关。

取景方位。商品需要通过图片进行全方位地展现，这就要求在拍摄时取景方位要有更多的变化。对于商品拍摄来说，常见的取景方位有3种：正面取景、侧面取景与背面取景。网店美工采用这些取景方位拍摄一组商品图片，就可以比较全面地展现商品形象。图2-31是女装拍摄示意图，分别运用了3种取景方位，让女装在画面中得到了全方位的展示。

正面取景　　　侧面取景　　　背面取景

图2-30　　　　　　　　　　　图2-31

取景角度。常见的取景角度有3种，即俯拍、平拍、仰拍，如图2-32所示。取景角度不同，画面中展现的内容不同，商品的大小、透视感也不同。拍摄网店商品图片一定要把握商品的特征，具体采取何种取景角度需要根据实际情况来定。

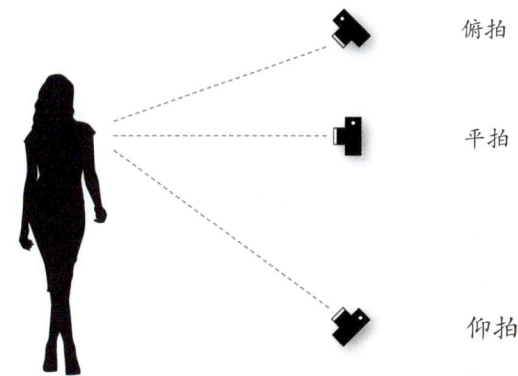

俯拍

平拍

仰拍

图2-32

俯拍。俯拍指从高处对着商品拍摄，给人俯视的感觉。运用这种取景角度可以拍摄到商品的正面、侧面、顶面3个面，从而有力地表现出商品的立体感，增强画面的空间感。例如，拍摄餐具时，俯拍可以清晰地展现餐具上的完整图案，如图2-33所示。对于较高大的商品，俯拍容易显得商品的顶部较大，让商品看上去比较短小。拍摄一些比较小或结构比较平面化的商品也经常使用此种取景角度，将商品铺在桌子上再俯拍，如图2-34所示。

平拍。平拍指相机镜头与商品中心保持平行，可以真实地还原商品各个部分的比例。平拍拍出的画面显得端庄，但也易显得呆板。拍摄时通常需要依靠背景环境的布置或道具营造画面的纵深感与层次感，如图2-35所示。

仰拍。仰拍指从低处对着商品拍摄，能够使商品显得更加高大与修长。仰拍适合拍摄修长或比较高的物体，如拍摄玩具模型、灯具等。此外，在拍摄服装模特时也常采用此种取景角度，如图2-36所示。

图2-33　　　　　　　图2-34　　　　　　图2-35　　　　图2-36

2.5.3　常用的构图方式

在电商行业中，商品图片拍摄是至关重要的，商品图片是影响网店流量和销量的关键因素。好的商品图片需要有合适的构图，什么样的构图方式是最合适的？哪种构图方式是最符合人们的视觉审美的？这些都是拍摄商品图片时要考虑的问题。好的构图方式可以把普通的商品变得更特别、更有感染力。下面介绍在商品图片拍摄中常用的、比较经典的几种构图方式。

均分法构图。均分法构图是对画面进行横向或者纵向均分，将商品放在画面的中心，让人一眼就可以注意到商品，发现图片的重点。这种构图方式主要用于突出商品，能让画面简单明确、视觉效果平衡。这种构图方式在拍摄背景为纯色的场景时用得比较多。横向构图能给人宽广、稳定、宁静的感觉，如图2-37所示。竖向构图能显得拍摄的商品高挑、秀朗，如图2-38所示。

图2-37　　　　　　　　　　　　图2-38

三分法构图。三分法构图就是将画面横向或者竖向分成3等份，将商品放置在三分线处进行拍摄。三分法构图与黄金分割有点相似，使用三分法构图的画面不会显得枯燥、呆板，商品在画面中更加显眼。图2-39使用了竖向三分法构图，图2-40使用了横向三分法构图。

图2-39

图2-40

对角线构图。对角线构图就是把取景范围的对角线连接起来，将商品放到对角线上或与对角线交叉进行拍摄，如图2-41和图2-42所示。

图2-41

图2-42

除此之外，在拍摄之前，网店美工要对被摄体进行仔细观察，找到能表现其特点的角度。构图时网店美工要根据被摄体的特点做不同的安排，如拍摄细长的静物，就可以将其放在画面中间略偏向某一边的位置，用其投影来平衡画面；拍摄大的物体，画面应当充实，给人饱满的感觉；拍摄小的物体，画面中可适当留些空间，让人感觉到物体很小；拍摄多个物体，网店美工就要考虑物体之间的陪衬和呼应关系。

2.6　商品拍摄的基本流程

拍摄商品前，网店美工需要了解商品拍摄的基本流程。只有将前期工作做好，才可能拍出漂亮的商品图片，从而激发消费者的购买欲望。商品拍摄的基本流程如下。

全面了解商品。网店美工需要对要拍摄的商品的材质、做工、造型、颜色及外包装进行观察与分析，以便拍摄时选择合适的背景和拍摄角度，以及更好的构图方式与布光方式；还需要仔细阅读商品说明书，熟悉商品的功能、配置、特性、清洗和保管方法等，并掌握其使用方法，这样才能使拍摄出的图片能传达商品的亮点和卖点等信息。

确定拍摄风格。网店美工应根据要拍摄的商品，寻找一些同类商品的拍摄方案作为参考，并结合商品的特点和消费者的需求来确定拍摄风格。

制订拍摄方案。开始拍摄前，网店美工可以用表格的形式制订一个拍摄方案，拍摄方案的内容包括商品名称、交稿时间、拍摄时间、拍摄项目（如整体大图、多角度图片、细节特写、包装效果等）、拍摄要点、拍摄环境、拍摄数量等。清晰、明确的拍摄方案不仅可以为拍摄提供便利，而且有利于掌握拍摄进度。

准备拍摄器材。开始拍摄前，网店美工需要对拍摄器材（包括辅助器材）进行检查，以确保拍摄能顺利完成。网店美工应根据不同的拍摄环境来准备照明器材。在室外拍摄时，网店美工应准备好反光板；在室内拍摄时，网店美工应准备好柔光箱、柔光伞等辅助器材。

执行拍摄。前期准备工作就绪后，网店美工就可以开始拍摄了。在拍摄过程中，网店美工要对布光与构图进行合理的设计。

素养课堂

网店美工在学习摄影专业知识的同时，要通过摄影作品传递美丽中国的精神面貌，用镜头发现和记录国家的变化与成就，宣扬中国的自然之美、社会之美，传递美丽中国的思想，增强民族自信心。

项目实践：女式夏季麻布服装实拍

网店服装拍摄通常分两种情况：一种是只拍摄服装，另一种是拍摄穿着服装的模特。后者和人像摄影的方法基本一致，这里不做具体介绍。下面以只拍摄女式夏季麻布服装为例，介绍如何拍摄网店服装。

拍摄思路：

根据服装的特点，从形、质、色3个方面来表现服装。

① 形指的是服装的形态、造型特征及画面的构图方式。

② 质指的是服装的材质、质量、质感。服装拍摄对质的表现要求相对严格，体现质的影纹、层次必须拍摄得清晰、细腻、逼真。细微处，以及高光和阴影部分，对质的表现要求更为严格。网店美工在拍摄时要选择恰当的布光方法、合适的光比，以更好地完成对质的表现。

③ 色指的是服装拍摄要注意色彩的统一，既包括服装之间的色彩统一，也包括服装与背景、道具之间的色彩统一。色彩与色彩之间应该互相烘托，它们是统一的整体，而不是对抗的关系。正所谓"室雅何须大，花香不在多"，服装拍摄在色彩的处理上应力求简、精、纯，避免繁、杂、乱。

拍摄要点：

网店美工想要完成网店服装的拍摄，需要掌握以下知识。

① 掌握相机及辅助器材的使用方法，根据拍摄要求准备合适的器材。

② 布置拍摄场景并掌握网店服装拍摄的常用布光方法。

③ 错落有致地摆放服装，善用配饰营造氛围。

操作步骤：

下面对网店服装的拍摄方法进行讲解，具体步骤如下。

步骤 01 器材的准备。①相机和镜头。一般家用的入门级单反相机就可以用于拍摄网店服装。常用的拍摄网店服装的镜头焦段是24-100mm，用广角镜头拍摄服装整体，用中长焦或微距镜头拍摄服装的细节。②三脚架。为避免相机抖动，保证画面的清晰度，三脚架是必需的。③影室闪光灯。这是室内拍摄的主要工具，如果有条件，应准备两盏300W左右的影室闪光灯。④拍摄台。这是进行商品拍摄必备的工具，但也可以灵活处理。例如，办公桌，家庭用的茶几、方桌、椅子，大一些的纸箱，甚至光滑平整的地面均可以作为拍摄台使用。⑤背景。可以到市场上购买一些不同材质（棉布、化纤、丝绸）的布料作为背景，也可以将几块木地板拼接成一块背景，还可以购买仿真的背景纸作为背景。

步骤 02 布光。这里介绍两种拍摄网店服装时比较常用的光源：室内自然光和影室闪光灯。如果使用室内自然光拍摄网店服装，网店美工应该了解这种光源的特点和使用要求。这种看似简单而且容易使用的光源，不仔细使用就容易导致拍摄的失败。这是因为室内自然光是由户外自然光通过门窗等射入室内的，方向明显，极易使服装的受光部分与背光部分形成强烈的明暗对比，既不利于体现服装的质感，又很难表现服装的色彩。

为了避免这种情况，当射入室内的光线强烈时，应在窗户上加上白色的窗帘以降低光线的强度，同时使用反光板进行适当的补光；在阴天时，靠近窗户拍摄，光线效果一般就比较理想，如图2-43所示。

室内是白色墙面，阴天时靠近窗户拍摄，光比会比较理想

图2-43

如果使用影室闪光灯作为光源，通常需要在服装的左右两侧各布置一盏闪光灯，将光比控制在 1：2 左右，灯头与拍摄的夹角约为45°，如图2-44和图2-45所示。这种光源是常用的网店服装拍摄光源。

在服装的左侧布置一盏影室闪光灯

图2-44

在室内使用影室闪光灯拍摄时，由于影室闪光灯的闪光强度远大于进入室内的自然

光强度，因此进入室内的自然光可以忽略不计，不用担心自然光会对服装拍摄造成影响。

在服装的右侧布置一盏影室闪光灯

图2-45

步骤 03 服装的布局。服装的布局可以理解为静物画面的构图，它是网店美工通过主观意图设计的，需要考虑主体的位置、陪体与主体的关系、光线的运用、质感的表现、影调与色调的组织与协调、画面色彩的合理使用、背景对主体的衬托、画面气氛的营造等。本次需要拍摄的网店服装是一套女式夏季麻布服装，包括白色的无袖麻布衫和姜黄色的麻布宽松短裤。为了衬托服装主体，网店美工可以选择具有艺术气息的复古英伦做旧地板作为本次拍摄的背景；用一双时尚的女式凉鞋作为陪体，摆放在短裤下面。 为了让服装最终有挂起来的感觉，网店美工可以将无袖麻布衫套在衣架上；为了使服装看起来更有层次，网店美工可以适当地把服装折一些。

步骤 04 拍摄角度。如果是拍摄服装整体，如图 2-46 所示，通常使用广角镜头俯拍，网店美工一般需要踩在梯子上。如果是拍摄服装局部，通常使用中长焦或微距镜头在比服装略高一些的位置从侧光的光位平（俯）拍，网店美工站在左右两盏灯之间进行拍摄。服装局部拍摄效果如图 2-47 和图 2-48 所示。

复古背景使服装给人一种慵懒感

图2-46

用微距镜头侧光低角度拍摄，突出无袖麻布衫的质感

图2-47

用微距镜头侧光低角度拍摄,突出麻布宽松短裤的质感

图2-48

项目拓展：曝光三要素及其对画面的影响

　　光圈、快门速度和感光度是影响曝光效果的3个要素，即曝光三要素。光圈、快门速度和感光度是互为关联的，它们共同决定着照片的曝光。当快门速度和感光度不变时，光圈越大，曝光量越多，光圈越小，曝光量越少；当光圈和感光度不变时，快门速度越慢，曝光量越多，快门速度越快，曝光量越少；当光圈和快门速度不变时，感光度越高，曝光量越多，感光度越少，曝光量越少。光圈、快门速度、感光度都会影响照片的亮度，也就是曝光量。另外，光圈控制画面的清晰范围，快门速度影响画面的清晰程度，感光度影响画面的画质。

　　光圈控制画面的清晰范围。光圈越大，画面中前后景的虚化程度越大，使用大光圈拍摄有利于突出主体、虚化背景，如图2-49所示；光圈越小，画面中前后景的虚化程度越小，使用小光圈拍摄，可以使画面中的景物都变得清晰，如图2-50所示。

　　快门速度影响画面的清晰程度。一张照片最基本的要求就是画面要清晰。想手持相机拍摄到一张清晰的照片，最简单的方法就是让快门速度足够快，但快门速度太快就可能会导致照片亮度不足的情况。所以经过不断的拍摄总结，人们总结出"安全快门"的概念。其定义是：使用全画幅机身时，快门速度不低于镜头焦距的倒数。例如，使用焦距为50mm的镜头，则1/50s就是安全快门的值，使用不低于1/50s的快门速度就很容易拍摄到一张清晰的照片，如图2-51所示。反之，实际拍摄时的快门速度比安全快门速度低，就很容易导致画面模糊，如图2-52所示。

图2-49　　　　　　图2-50　　　　　　　　图2-51　　　　　　　　图2-52

　　感光度影响画面的画质。感光度的设置原则为：在保证使用安全快门速度的前提下，网店美工应尽量选择较低的感光度。拍摄商品时，只要光线充足，网店美工最好使用低感光度，因为使用低感光度可以得到非常细腻的画面，如图2-53所示；如果光线不充足，可能会导致快门速度变慢，此时网店美工可以选择高感光度进行拍摄，但这样做会让画面中的噪点增多，直接影响对商品细节的表现，如图2-54所示。

图2-53　　　　　　　　　　　　图2-54

思考与练习

网店美工在实际的拍摄过程中，要了解相机及辅助器材的使用目的和方法。下面针对一些共性问题进行思考。

① 使用三脚架的目的是什么？如何使用？

② 将相机拿在手中就能拍摄吗？还是需要对其进行设置才能拍摄？

一、选择题

1.在拍摄环境一致或者拍摄环境光线变化不大的情况下，如果使用闪光灯拍摄，建议使用（   ）。

A.手动模式　　　　　　　　　　B.光圈优先模式

C.快门优先模式　　　　　　　　D.程序曝光模式

2.拍摄商品的细节或者拍摄很小的商品时，适合使用（   ）。

A.焦距为35mm的镜头　　　　　　B.焦距为50mm的镜头

C.焦距为85mm的镜头　　　　　　D.微距镜头

3.摄影画面中最主要的被摄对象称为（   ）。

A.前景　　　　　　B.背景　　　　　　C.陪体　　　　　　D.主体

二、填空题

1.商品拍摄常用的3种布光方法分别为（   ）、（   ）和（   ）。

2.商品拍摄中常用的、比较经典的3种构图方式分别为（   ）、（   ）和（   ）。

3.（   ）位于相机机身的顶部，主要作用是连接闪光灯或引闪器。

三、简答题

1.简述常用的商品拍摄辅助器材以及它们各自的作用。

2.简述柔光和直射光的区别，并列举适合使用柔光和直射光拍摄的商品。

图2-55

四、操作题

1.运用商品拍摄的几种构图方式，并各举出一个实例。

2.使用纸箱自制一个小型摄影棚并设置光源，其效果如图2-55所示。网店美工使用自制的小型摄影棚拍摄衣服、水杯、毛巾、饰品、玻璃器皿、盆栽、摆件、手机等物品，熟练掌握不同材质的物品的布光方法和拍摄方法。

项目 3

网店商品图片精修

商品图片拍摄完成后，原片是不能直接用于网店装修与美化的，网店美工需要对原片进行处理，使其美观、精致、更吸引人。Photoshop是专门用于图像处理的软件，具有强大的图像处理功能。本项目将利用Photoshop对网店商品图片进行美化与修饰。

Ⓖ 项目描述

网店商品图片精修是对Photoshop图像处理功能的综合应用。本项目将从Photoshop的基础知识讲起，网店美工通过学习可以快速掌握Photoshop的基本功能，从而更好地完成图片处理任务和网店视觉设计。本项目将重点对网店商品图片的美化进行讲解，通过Photoshop各种调色命令和修图工具的介绍，最终完成网店商品图片精修。

【课前预习】

预习课程	网店商品图片精修
预习内容	1. 在网络中搜索并浏览网店商品图片精修的相关资料。 2. 阅读本项目内容，熟悉本项目的知识结构。 3. 阅读下面的案例并回答问题。 网店商品图片和商品实物不符 "双十一"期间，小王在某大型购物网站上看到一双高跟鞋款式新颖，价格也很低，于是毫不犹豫地支付了货款。收到货后，小王觉得这双高跟鞋虽然款式新颖，但颜色跟网站上的图片颜色出入很大，于是便联系网店店主，要求退货。 思考：（1）网店商品图片和商品实物不符的情况比较多，除了颜色问题，你还遇到过什么问题？ （2）网店美工在修图中需要注意哪些问题？
学习目标	1. 了解图像处理软件 Photoshop 2. 了解常用调色命令的使用方法 3. 了解污点修复画笔工具、修补工具、"内容识别"命令、仿制图章工具的使用方法 4. 了解"智能锐化"滤镜和"液化"滤镜的使用方法
技能目标	1. 掌握 Photoshop 的基本操作 2. 掌握商品图片调色的方法 3. 掌握商品图片修图的方法
素养目标	精益求精，注重工匠精神
预习时间	20 分钟

3.1 认识图像处理软件Photoshop

　　Photoshop是由Adobe 公司研发的、应用非常广泛的图像处理软件。使用Photoshop 对图像进行调色、修饰、合成、特效制作等处理，可以让图像达到颜色真实、细节丰富的效果。Photoshop被广泛应用于日常设计中，人们使用它可以完成广告设计、书籍装帧设计、网店设计、UI设计、插画设计等方面的工作。

　　Photoshop是网店美工用于美化商品图片和进行装修设计的必备软件。本书所用的Photoshop版本为Photoshop 2020。启动Photoshop 2020后，网店美工任意打开一个图像文件，即可看到Photoshop 2020的工作界面。工作界面分为工具箱、标题栏、菜单栏、文件窗口、工具选项栏、面板和状态栏等区域，如图3-1所示。网店美工熟悉这些区域的结构和基本功能，可以提高 操作效率。

图3-1

↘ 3.1.1 菜单栏与标题栏

　　Photoshop的菜单栏包含11个菜单，基本整合了Photoshop中的所有命令。网店美工通过这些菜单中的命令，可以轻松完成文件的创建和保存、图像大小修改、图像颜色调整等操作。单击某个菜单按钮，即可打开相应的菜单；每个下拉菜单中都包含多个命令，部分菜单的右侧带有黑色小三角标记，它表示这是一个菜单组，其中隐藏了多个子菜单，单击各个命令即可执行此命令。

　　标题栏显示文件名称、文件格式、窗口缩放比例和颜色模式等信息。如果文件中包含多个图层，则标题栏还会显示当前选中的图层名称。打开多个图像时，文件窗口中只会显示当前图像；单击标题栏中的相应标题即可显示相应的图像。

3.1.2 工具箱与工具选项栏

Photoshop的工具箱包含用于创建和编辑图形、图像、图稿的多种工具。默认状态下，工具箱在文件窗口左侧。

把鼠标指针移动到一个工具上停留片刻，就会显示该工具的名称和快捷键，同时会出现动态演示，告诉用户工具的用法，如图3-2所示。

单击工具箱中的工具按钮即可选择该工具，如图3-3所示；部分工具按钮的右下角带有黑色小三角标记，它表示这是一个工具组，其中隐藏了多个子工具，在带有黑色小三角标记的工具按钮上单击即可查看子工具，将鼠标指针移动到某子工具上并单击，即可选择该工具，如图3-4所示。

图3-2　　　　图3-3　　　　　　图3-4

图3-5

使用工具进行图像处理时，工具选项栏会出现当前所用工具的相应选项，它的内容会随着所选工具的不同而不同，用户可以根据自己的需要在其中设置相应的参数。以套索工具为例，选择该工具后，工具选项栏中显示的选项如图3-5所示。

小提示

如果在工具箱中找不到需要的工具，网店美工可以将鼠标指针放到工具箱中的按钮上，长按鼠标左键，即可显示隐藏的工具。

3.1.3 面板与状态栏

面板主要用来配合图像的编辑、对操作进行控制，以及设置参数等。Photoshop中共有20多个面板，在菜单栏的"窗口"菜单中可以选择需要的面板并将其打开，也可将不需要的面板关闭，如图3-6所示。

网店美工常用的面板有"图层"面板、"字符"面板、"通道"面板、"路径"面板、"调整"面板等。默认情况下，面板以选项卡的形式出现，并位于文件窗口右侧。网店美工可以根据需要打开、关闭面板，也可以根据需要自由组合、分离面板。

状态栏位于Photoshop工作界面的底部，可以显示当前文件大小、文件尺寸、文档配置文件、测量比例、计时、当前工具、暂存盘大小、存储进度、图层计数等信息。网店美工在状态栏中单击状态栏按钮，在弹出的下拉列表中选择相应命令，可以设置状态栏中显示的内容。

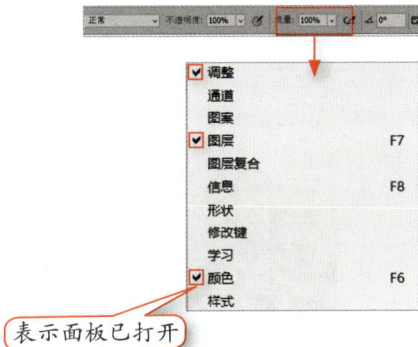

图3-6

3.2 掌握常用的调色命令

进行网店商品图片的调色，一般情况下是为了还原商品的真实颜色。对大多数商品图片调色不需要进行太复杂的操作，网店美工只需要对原片的亮度、对比度、饱和度进行调整。但如果光线、拍摄角度、背景等因素导致商品图片偏色，网店美工就需要对偏色进行校正，还原商品本身的颜色。

使用Photoshop调整图像颜色共有两种方式：一种是调整命令，另一种是调整图层。选择菜单栏"图像">"调整"命令，"调整"命令子菜单中几乎包含了Photoshop中所有的图像调整命令。调整图层存放于一个单独的面板中，即"调整"面板，选择菜单栏"窗口">"调整"命令即可打开"调整"面板。调整命令与调整图层的使用方法及得到的调整效果大致相同，不同之处在于：调整命令直接作用于图像，该调整方式无法修改调整参数，调整命令适用于对图像进行简单调整并且不需要保留调整参数的情况；调整图层是在图像的上方创建一个调整图层，其调整效果作用于下方图层，网店美工使用调整图层调整图像后，可随时返回调整图层进行参数的修改。

处理图片时，首先要进行观察，查看图片在颜色方面存在的问题，比如画面太亮、画面太暗、偏灰（例如画面对比度低、饱和度低、颜色不够艳丽）、偏色（例如画面偏红色、偏紫色、偏绿色等）。如果图片存在这些问题，网店美工就要对其进行处理。下面介绍网店美工在处理图片时常用的几种调色命令。

3.2.1 亮度/对比度

"亮度/对比度"命令用于对图片的整体亮度和对比度进行调整。下面通过对一张偏灰、偏暗的图片进行调整，介绍"亮度/对比度"命令的使用方法。

微课视频

步骤 01 打开素材文件"四件套"，可以发现该图片整体偏暗、偏灰，如图 3-7 所示。

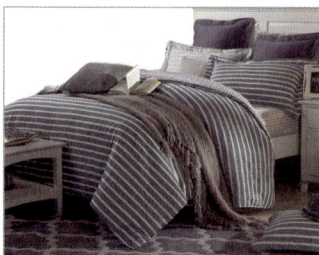

图3-7

步骤 02 选择菜单栏中的"图像">"调整">"亮度/对比度"命令，打开"亮度/对比度"对话框。该对话框包含两个选项："亮度"，用于设置图像的整体亮度；"对比度"，用于设置图像的明暗对比程度。向左拖动滑块可降低亮度/对比度，向右拖动滑块可增加亮度/

对比度。"四件套"偏暗、偏灰，因此需要提亮画面并增加画面的对比度，参数设置如图 3-8 所示，效果如图 3-9 所示。

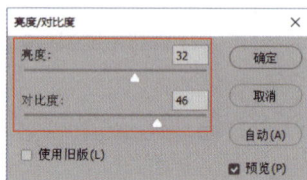

图3-8

图3-9

↘ 3.2.2 色阶

"色阶"命令主要用于调整图片的明暗程度，它通过改变图片中的像素分布来调整图片的明暗程度，网店美工通过它可以对图片的阴影、中间调和高光区域单独进行调整。此外，网店美工使用"色阶"命令还可以对各个颜色通道进行调整以实现调整图片色彩的目的。下面通过对一张偏暗的图片进行调整，介绍"色阶"命令的使用方法。

微课视频

步骤 01 打开素材文件"手提包网店的海报设计"，可以看到手提包偏暗，显得不够突出，如图 3-10 所示。下面对手提包进行调色。

图3-10

步骤 02 选中手提包所在的图层，选择菜单栏中的"图像">"调整">"色阶"命令，

打开"色阶"对话框。"色阶"对话框中的选项较多，先看"输入色阶"选项组，该组的 3 个滑块分别用于控制画面的阴影、中间调和高光区域。阴影滑块位于色阶 0 处，它所对应的像素是纯黑；中间调滑块位于色阶 128 处，它所对应的像素是 50% 灰；高光滑块位于色阶 255 处，它所对应的像素是纯白。向右拖动阴影滑块可以压暗阴影区域；向左拖动高光滑块可以提亮高光区域；拖动中间调滑块，滑块对应的数值大于 1 时，中间调区域被提亮，数值小于 1 时，中间调区域被压暗，如图 3-11 所示。

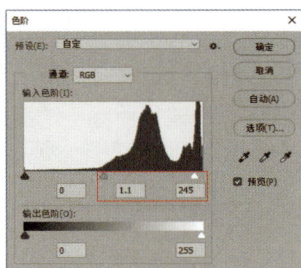

图3-11

例图中的手提包偏暗，因此需要提亮。先向左拖动"中间调"滑块提亮中间调区域，然后向左拖动"高光"滑块提亮高光区域。我们需要一边调整一边观察效果，以达到最佳的视觉效果。参数设置如图 3-12 所示，效果如图 3-13 所示。

图3-12

图3-13

步骤 03 现在再看"输出色阶"选项组。通过该组的两个滑块，网店美工可以对画面中最暗和最亮的区域进行控制，"黑色"滑块控制最暗区域，白色滑块控制最亮区域。网店美工向右拖动黑色滑块可以使图像变亮，从而抑制暗部溢出；网店美工向左拖动白色滑块可以使图像变暗，从而抑制高光溢出。中间调和高光区域经过调整之后，手提包的阴影区域显得稍暗。此时网店美工可向右拖动

"输出色阶"选项组中的黑色滑块，提亮阴影，如图 3-14 所示。调整后，网店美工可以看到手提包的亮度较为均匀，如图 3-15 所示。

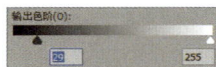

图3-14

图3-15

步骤 04 网店美工如果想要使用"色阶"命令对画面颜色进行调整，可以在"通道"选项中选择某个颜色通道，然后对该通道进行明暗调整。若使某个颜色的通道变亮，画面会更偏向于该颜色；反之，通道变暗就会减少画面中该颜色的成分。如本例想要手提包再粉嫩一些，可以选中"红"通道，提亮中间调和高光区域，参数设置如图 3-16 所示，效果如图 3-17 所示。

图3-16

图3-17

↘ 3.2.3 曲线

"曲线"调整图层与"色阶"命令的功能差不多，它既可以用于调整图像的明暗程度和对比度，又可以用于校正画面偏色及调整出独特的色调效果。但两者相比，"曲线"调整图层的调整更精细，使用它可以在曲线的任意位置添加控制点，改变曲线的形状，从而调整图像，并且可以在较小的范围内添加多个控制点进行局部的调整；同时， 它的操作难度也稍微大一些。下面通过对一张文艺清新风格的服装模特图片进行调整，介绍"曲线"调整图层的使用方法。

微课视频

步骤 01 打开素材文件"服装模特"，可以看到图片整体偏暗，阴影区域细节缺失，如图 3-18 所示。

图3-18

步骤 02 本例需要对图片的亮度和色调进行调整，这个过程需要设置多个参数，这种相对复杂的调色可以借助"曲线"调整图层来完成。使用这种方式可以对一些在调色过程中不确定的色彩进行修改。单击"调整"面板中的 按钮，创建"曲线"调整图层，如图 3-19 所示。

单击该按钮后，将鼠标指针移至图像上并单击，曲线上会自动增加控制点，拖动控制点即可进行调整

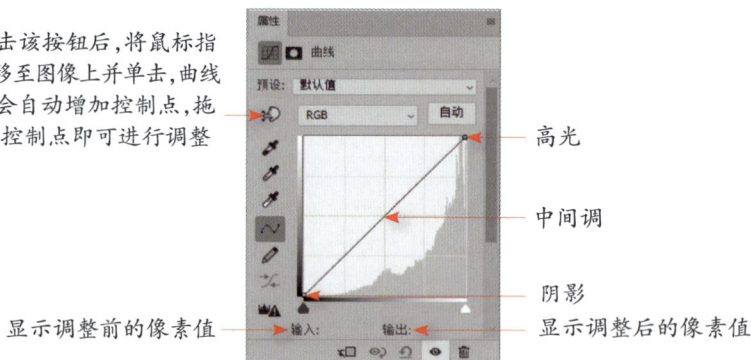

显示调整前的像素值

高光

中间调

阴影

显示调整后的像素值

图3-19

曲线上有两个端点，左端点控制阴影区域，右端点控制高光区域，曲线中间位置控制中间调区域。选中左端点向上拖动提亮阴影区域，向右拖动压暗阴影区域；选中右端点向左拖动提亮高光区域，向下拖动压暗高光区域。在曲线的中间位置添加控制点可以

调整中间调区域，向左上角拖动提亮中间区域，向右下角拖动压暗中间调区域。 在曲线右端点和中间位置之间添加控制点可以控制图像的亮调；在曲线的左端点和中间位置之间添加控制点可以控制图像的暗调。调整图像前首先了解一下常见的两种调整图像明

暗的曲线形状：C 形曲线——改变整体画面的明暗，S 形曲线——增强明暗区域的对比

度，如图 3-20 所示。

正C形曲线提亮画面　　　反C形曲线压暗画面

正S形曲线增加对比度　　　反S形曲线降低对比度

图3-20

步骤 03 调整图像亮度。本例的图片整体偏暗，高光区域和阴影区域没有太大的问题，因此网店美工可以考虑只调整中间调区域。在曲线的中间位置单击，添加一个控制点，向左上角拖动控制点，提亮画面的中间调区域。此时，"输入"为"121"，调整后"输出"为"153"，如图 3-21 所示。调整后画面的亮度基本合适，如图 3-22 所示。

图3-22

步骤 04 调整图像颜色。使用"曲线"调整图层对画面颜色进行调整，可以选中某个颜色通道，然后对该颜色通道进行明暗调整。如果网店美工使某个颜色通道变亮，则画面会倾向于该颜色；反之，如果网店美工使颜色通道变暗，则会减少画面中的该颜色。本例要调出淡紫色清新的效果，调整思路是：网店美工先调整"红"和"绿"通道，让画面偏红；然后网店美工调整"蓝"通道，在

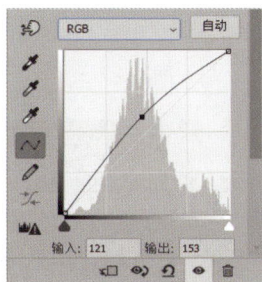

图3-21

画面中增加蓝色，使画面呈现淡紫色的效果。网店美工在"曲线"调整图层的"属性"面板中，选中"红"通道，在曲线的右端点和中间位置之间添加控制点，向上拖动控制点，增加红色，"输入"为"176"，调整后"输出"为"188"。这一操作在调整亮调的同时也修改了暗调颜色，因此，网店美工为了避免暗调被影响，在曲线的左端点和中间位置之间添加控制点，向下拖动控制点，减少红色，"输入"为"68"，调整后"输出"为"62"，参数设置如图3-23所示，效果如图3-24所示。

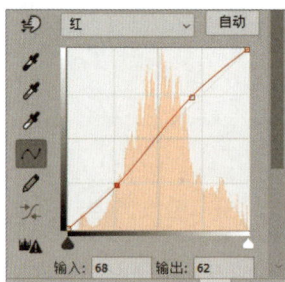

图3-23

图3-24

步骤 05 选中"绿"通道，在曲线的右端点和中间位置之间添加控制点，向上拖动控制点，增加绿色，"输入"为"152"，调整后"输出"为"157"；在曲线的左端点和中间位置之间添加控制点，向下拖动控制点，减少绿色（绿色和洋红色为互补色，减少绿色也就是增加洋红色），"输入"为"50"，调整后"输出"为"38"，参数设置如图3-25所示，效果如图3-26所示。

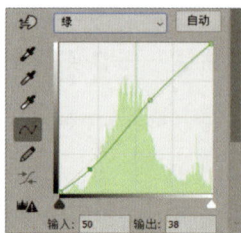

图3-25

图3-26

步骤 06 选中"蓝"通道，在曲线的中间位置添加控制点，向下拖动控制点，减少一点蓝色，"输入"为"118"，调整后"输出"为"122"；在曲线的中间位置与左端点之间添加控制点，向上拖动控制点，增加蓝色（蓝色和洋红色为邻近色，增加蓝色会使洋红色偏紫色），"输入"为"52"，调整后"输出"为"61"，参数设置如图3-27所示，最终效果如图3-28所示。

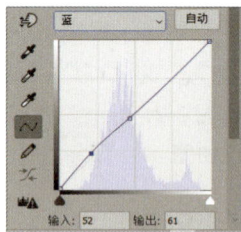

图3-27

图3-28

↘ 3.2.4　色相/饱和度

使用"色相/饱和度"命令可以对图片的色相、饱和度和明度进行调整，对不同色系的色彩进行调整，还可以对特定的色彩进行单独调整。与"自然饱和度"命令相比，它的调整效果更好。下面网店美工通过对网店首页中的一张项链图片进行调整，介绍"色相/饱和度"命令的使用方法。

微课视频

步骤 01 打开素材文件"项链海报"，可以看到图片中的金色项链色彩暗淡并且存在偏色问题，如图 3-29 所示。

图3-31

步骤 03 "色相/饱和度"命令除了调整全图外，也可以对特定的色彩进行单独调整。单击"全图"选项，打开下拉列表，其中包含"色光三原色"红色、绿色和蓝色，以及"印刷三原色"青色、洋红色和黄色。选择其中的一种色彩，即可单独调整它的色相、饱和度和明度。本例如果要继续加深金色项链的金色，可以选择"黄色"选项，增加它的饱和度，让金色更鲜亮一些，参数设置如图 3-32 所示，效果如图 3-33 所示。

图3-29

步骤 02 选中项链所在的图层，选择菜单栏中的"图像">"调整">"色相/饱和度"命令，打开"色相/饱和度"对话框。该对话框包含 3 个主要选项："色相"选项用于改变色彩；"饱和度"选项可以使色彩变得更鲜艳或暗淡；"明度"选项可以使色调变亮或变暗。该对话框的"预设"选项下方显示的是"全图"，这是默认的选项，表示调整操作将影响整个图像的色彩。金色项链轻微偏蓝色，向左拖动"色相"滑块将图像调整为偏金黄色，然后适当增加"饱和度"，参数设置如图 3-30 所示，效果如图 3-31 所示。

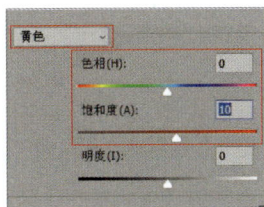

图3-32

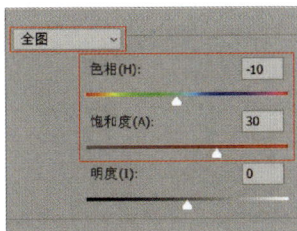

图3-30

图3-33

↘ 3.2.5　色彩平衡

　　"色彩平衡"命令用于调整图片的色调，快速纠正图片的偏色问题，网店美工通过它可以对阴影区域、中间调区域和高光区域的色彩分别做出调整。下面通过对网店中的一张偏色的润肤露商品图片进行调整，介绍"色彩平衡"命令的使用方法。

微课视频

步骤 01 打开素材文件"润肤露"，由于图片是在阴天拍摄的，所以有一点偏蓝色，如图 3-34 所示。

图3-34

步骤 02 选中"润肤露"图层，选择菜单栏中的"图像">"调整">"色彩平衡"命令，打开"色彩平衡"对话框。调整时，网店美工先选择要调整的区域（阴影、中间调、高光），然后拖动滑块进行调整，滑块左侧的 3 种色彩是"印刷三原色"，滑块右侧的 3 种色彩是"色光三原色"，每一个滑块两侧的色彩互为补色。滑块的位置决定了要增加什么样的色彩到图像中，增加一种色彩时，位于滑块另一侧的补色就会相应地减少。本例的图片整体存在偏色问题，可以先选中"中间调"进行调整。由于图像偏蓝色，因此网店美工应该减少蓝色，向右拖动青色与红色的滑块减少青色，向左拖动洋红色与绿色的滑块增加洋红色，向左拖动黄色与蓝色的滑块减少蓝色，参数设置如图 3-35 所示，效果如图 3-36 所示。

步骤 03 对"中间调"进行调整后，画面偏色的问题基本上就解决了，但阴影区域仍有一

点偏蓝色。选择"阴影"选项，向左拖动黄色与蓝色的滑块，减少阴影区域的蓝色，参数设置如图 3-37 所示。此时该图片中的商品和其本身的色彩看起来差不多，如图 3-38 所示。

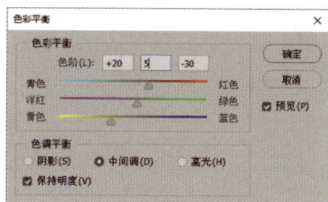

图3-35

中间调（减蓝色）

中间调（洋红色）

中间调（减青色）

图3-36

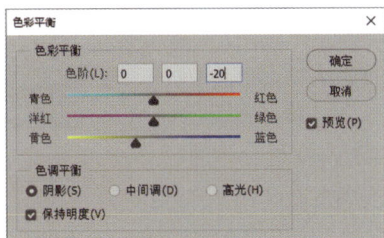

图3-37　　　　　　　　　　　　　　　图3-38

3.3　掌握常用的修图工具

　　风景图片中多余的干扰物，人物面部的痘痘、斑点，以及衣服的褶皱等，这些问题都可以用Photoshop轻松解决。Photoshop提供了大量的修图工具，下面介绍一些网店美工常用的修图工具及其使用方法。

微课视频

↘ 3.3.1　污点修复画笔工具

　　使用污点修复画笔工具，可以消除图像中面积较小的瑕疵，如人物皮肤上的斑点、痣，或者画面中细小的杂物。使用该工具时，网店美工直接在瑕疵上单击即可将其去除，修复后的区域会与周围图像自然融合。

步骤 01　打开素材文件"女装模特"，如图 3-39 所示。仔细观察可以看到画面中存在多处瑕疵，如人物面部的痣、痘痘，地板缝隙，墙面插座等。网店美工首先用污点修复画笔工具去除人物面部的瑕疵。

在人物面部瑕疵上单击，即可去除，如图 3-40 所示。接着网店美工在其他瑕疵上单击，人物面部瑕疵去除后的效果如图 3-41 所示。

图3-39

步骤 02　将人物面部放大，方便对瑕疵进行处理。网店美工选择工具箱中的污点修复画笔工具，在工具选项栏中选择一个柔角笔尖，设置合适的笔尖大小，将"类型"设置为"内容识别"，

图3-40

图3-41

↘ 3.3.2 修补工具

修补工具 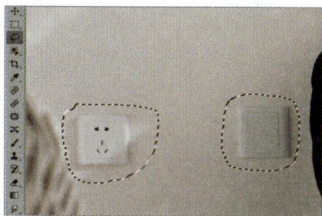 常用于修饰图像中较大的污点、穿帮画面、人物面部的痘印等。修补工具是利用其他区域的图像来修复选中区域，它与污点修复画笔工具一样，可以智能地使修复后的区域与周围图像自然融合。继续使用上一例的图，在使用了污点修复画笔工具的基础上，使用修补工具去除地板缝隙。

微课视频

步骤 01 选择工具箱中的修补工具 ，将鼠标指针移动到画面中，长按鼠标左键，在地板缝隙的周围拖动以绘制选区。拖动时要注意选区线与缝隙之间稍微留出一定的距离，以便图像融合，松开鼠标左键将得到一个选区。

去除地板缝隙，然后单击取消选区。

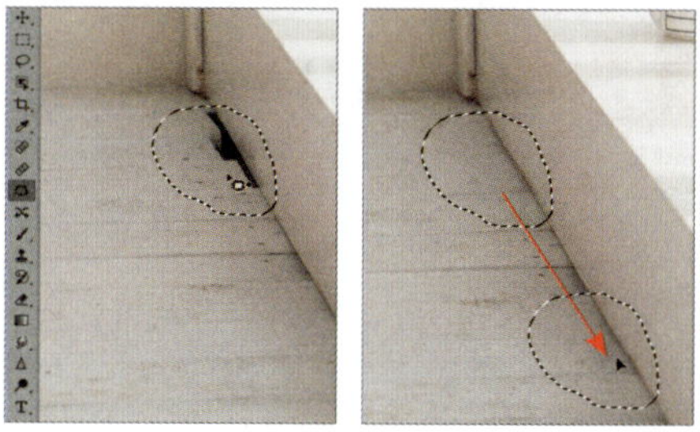

步骤 02 将鼠标指针放在选区内，长按鼠标左键向与选区内纹理相似的地板处拖动（注意拖动的位置要和地板的纹理、间距和墙面的位置匹配），如图3-42所示。松开鼠标左键，

图3-42

↘ 3.3.3 "内容识别"命令

当画面中有较大面积的杂乱场景时，如果网店美工使用污点修复画笔工具、仿制图章工具或修补工具去除，不仅费时费力，还容易出现画面过渡不自然的情况。网店美工使用"内容识别"命令对图像的某一区域进行覆盖填充时，Photoshop会自动分析周围图像的特点，对图像进行拼接组合后，填充在该区域并进行融合，从而呈现无缝拼接的效果。此命令配合选区一起操作，可以一次性去除多个画面元素。网店美工继续使用上一例图，使用"内容识别"命令去除墙面插座。

微课视频

步骤 01 使用套索工具  在插座上创建选区，如图 3-43 所示。

图3-43

步骤 02 选择菜单栏中的"编辑""> 填充"命令，打开"填充"对话框，将"内容"设

置为"内容识别"，单击"确定"按钮，即可将插座去除，如图3-44所示。

图3-44

↘ 3.3.4　仿制图章工具

网店美工在处理背景较为复杂的图片时，如果采用前面的方法并不能得到理想的效果。那么可以结合仿制图章工具🖈进行修复，该工具常用于美化人物皮肤或去除一些与主体色彩较为接近的干扰物。网店美工使用仿制图章工具能把取样位置的图像覆盖到需要修复的地方。如果网店美工使用仿制图章工具修复后的区域与周围没有融合，则可以通过设置不透明度与流量等参数值来控制覆盖图像的清晰程度。下面通过去除人物背景中的干扰物，详细介绍仿制图章工具的使用方法。

微课视频

步骤 01 打开素材文件"人像"，如图 3-45 所示，可以看到背景中建筑物的装饰柱与人物面部重叠。下面使用仿制图章工具🖈将干扰人物面部的装饰柱精确地消除掉。为了避免原始图像被修改，网店美工应复制一个图层进行操作。

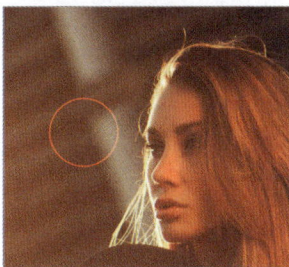

图3-45

步骤 02 选择工具箱中的仿制图章工具🖈，设置合适的笔尖大小，在需要修复的位置附近按住"Alt"键并单击，拾取像素样本，如图 3-46 所示。接着将鼠标指针移动到画面中需要修复的位置，长按鼠标左键进行覆盖（沿背景纹理进行涂抹，并可进行多次涂抹操作），完成后松开鼠标左键，效果如图 3-47 所示。

步骤 03 按步骤 02 的操作方法，将与人物面部重叠的部分装饰柱处理掉后，可以继续使用仿制图章工具🖈处理掉上半段装饰柱，但使用该工具处理会费时费力。此时可以使用"内容识别"命令，使用套索工具⌀将上半段装饰柱创建为选区，如图 3-48 所示，然后

执行"内容识别"命令，效果如图 3-49 所示。

像素样本拾取

图3-46

单击覆盖

沿背景纹理多次覆盖

图3-47

图3-48

图3-49

↘ 3.3.5 "智能锐化"滤镜

拍摄照片时，如果持机不稳或没有准确对焦，拍摄出的画面就会模糊，后期修图时就需要进行锐化处理。Photoshop的"智能锐化"滤镜提供了许多锐化控制选项，可以在锐化画面的同时清除因锐化产生的杂色，从而精确地控制锐化效果。

微课视频

步骤 01 打开素材文件"手提包"，图片中手提包的纹理不够清晰，如图3-50所示。

图3-50

步骤 02 选择菜单栏中的"滤镜">"锐化">"智能锐化"命令，打开"智能锐化"对话框进行参数设置，如图3-51所示。

步骤 03 设置完成后，单击"确定"按钮，可以看到锐化后的手提包纹理清晰、轮廓分明，如图3-52所示。

图3-51

图3-52

素养课堂

工匠精神代表一种精益求精的工作态度、一种爱岗敬业的良好品德及对知识的无尽渴望。各行各业都需要工匠精神，网店视觉设计也不例外。例如，在图片处理环节，需要对图片进行去杂物、抠图等操作。尽管操作原理和步骤相同，但不同人操作的效果却千差万别，原因在于有些人的工作态度不够端正。在调色操作中也会出现类似的情况。因此，我们在学习网店视觉设计这项技能时，要严格要求自己，培养敬业、精益求精、专注、创新的工匠精神。

项目实践：BB霜图片精修

一般情况下，大多数商品图片在拍摄后不需要进行太多、太复杂的操作，只需调整原片的亮度、色彩、瑕疵。但有一些类目商品的图片拍摄后精修会比较好一些，如电器、化妆品类目等的图片都离不开精修，因为这类商品图片如果没有好的视觉效果，消费者可能看都不会看。商品图片精修就是为了提升商品图片的品质感和视觉感，从而增加商品的销量。下面将以某款BB霜图片的精修过程为例进行介绍，精修前后的图片对比效果如图3-53所示。

原图　　　　　　　　　　　　精修后的效果

图3-53

修片思路：

商品图片精修不需要太过复杂的操作技术，只需要按步骤、耐心地处理细节，就可以使商品呈现出较好的质感。网店美工可以从下面几个方面进行商品图片的修饰。

① 矫正形态，借助参考线让商品在图片中保持端正。

② 结构分组，对每个部分单独编组，给该组添加对应的图层蒙版。

③ 去污修瑕，使用修图工具去除商品图片中的污点、瑕疵。

④ 塑造光影，根据光源方向，在商品上铺光，增强光比和商品的质感。

⑤ 商品调色，对商品中存在的色彩问题进行调整，还原真实效果。

⑥ 贴图，将瓶贴添加到商品上，使用"变换"命令将其调整到合适的大小。

知识要点：

完成本例的操作，网店美工需要掌握以下知识。

① 使用钢笔工具勾出轮廓。

② 使用图层组对图层进行编组。

③ 使用"高斯模糊"滤镜塑造光影。

④ 应用图层蒙版隐藏不需要的图像内容。

操作步骤：

下面对这款BB霜图片进行精修，具体操作步骤如下。

微课视频（一）

微课视频（二）

微课视频（三）

1.矫正形态

步骤 01 打开素材文件"BB 霜"。按"Ctrl+R"组合键显示标尺，将鼠标指针放在标尺左侧，按住鼠标左键拖出参考线，在商品的两侧添加参考线；然后在上方标尺上拖出一条横向参考线到瓶盖处，通过观察可以看到商品稍微有一点倾斜，如图 3-54 所示。

步骤 02 双击背景图层，将它转换为普通图层，名为"图层 0"，用自由变换工具（"Ctrl+T"组合键）将商品旋转一点，让商品保持端正，效果如图 3-55 所示。按"Enter"键确认操作。

图3-54

图3-55

2.结构分组

步骤 01 用钢笔工具勾出轮廓。按"Ctrl+H"组合键隐藏参考线，使用钢笔工具沿商品的轮廓创建路径，如图 3-56 所示。按"Ctrl+Enter"组合键将路径转为选区，按"Ctrl+J"组合键将选区复制到新图层中，抠图效果如图 3-57所示。

图3-56　　　　　　图3-57

步骤 02 创建瓶身组。使用钢笔工具将瓶身创建为选区，如图 3-58 所示，按"Ctrl+J"组合键将选区复制到新图层中，重新命名为"瓶身"，将该图层拖动到"创建新组"按钮 ▢ 上，创建"组 1"，如图 3-59 所示；然后按住"Ctrl"键并单击"瓶身"图层缩览图，将瓶身创建为选区，如图 3-60 所示;选中"组 1"，单击"添加图层蒙版"按钮 ▢，这样操作的好处是在组内进行任何操作都不会影响其他部分，将"组 1"命名为"瓶身"，如图 3-61 所示。

图3-58

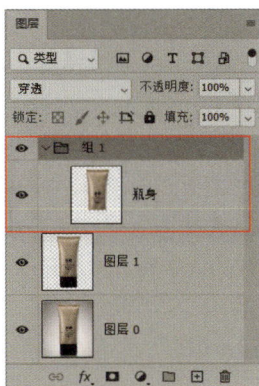

图3-59

图3-60

图3-61

步骤 03 创建瓶盖组。将瓶身创建为选区，按"Ctrl+Shift+I"组合键反选选区，如图3-62所示。选中"图层1"，按"Ctrl+J"组合键，将选区复制到新图层中，重新命名为"瓶盖"，

如图 3-63 所示。将该图层拖动到"创建新组"按钮 □ 上，创建"组1"。将瓶盖创建为选区，如图 3-64 所示。选中"组1"，单击"添加图层蒙版"按钮 □ 添加蒙版，将"组1"命名为"瓶盖"，如图 3-65 所示。

图3-62

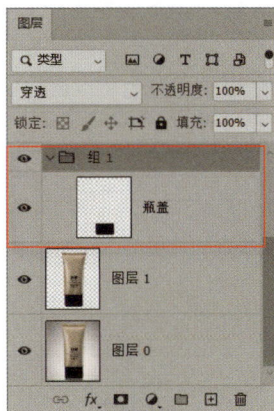

图3-63

图3-64

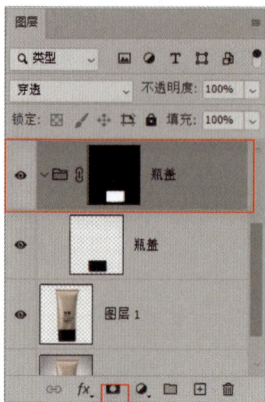

图3-65

3.修饰瓶身

步骤 01 去污修瑕。选择"瓶身"图层，使用修补工具 ![] 将瓶身上的瑕疵和文字去掉，先大面积去除，按照光源上下位置就近选择好的位置修复，小的地方也可以使用仿制图章工具 ![] ，一点一点仔细去除，效果如图 3-66 所示。

图3-66

步骤 02 选择菜单栏"滤镜">"模糊">"高斯模糊"命令，打开"高斯模糊"对话框，设置"半径"为"3"像素，如图 3-67 所示。单击"确定"按钮，将瓶身处理光滑。

步骤 03 塑造光影。塑造光影需要懂物体的三大面和五大调子，并且要了解一些铺光技巧，掌握这些技巧能够很好地完成商品图片的精修处理。首先判断光源的方向，原图光源明显在左侧，所以在铺光的时候可以以左

侧光源为主光源，右侧光源为辅光源，以此来区分光的强弱。 同样的光源下，不同材质的商品的光影也不一样，一定要具体问题具体分析。 例图中的商品为塑料材质，明暗过渡均匀。通过分析得出本例商品的五大调子分布，三大面为亮面（第一条虚线左侧）、灰面（两条虚线之间）、暗面（第 2 条虚线右侧），五大调子为高光、中间调、明暗交界线、反光、投影，如图 3-68 所示。

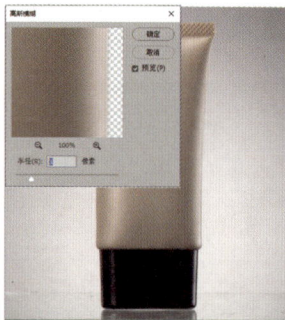

图3-67

图3-68

步骤 04 绘制高光。使用钢笔工具 ![] 在高光处绘制路径，将路径转为选区，并对选区进行羽化，设置"羽化半径"为"25"像素。新建一个图层并命名为"高光"，填充白色，此时高光效果较为强烈，如图 3-69 所示。选择菜单栏"滤镜">"模糊">"高斯模糊"命令，打开"高斯模糊"对话框，设置"半径"

为"52"像素，如图 3-70 所示，单击"确定"按钮，此时高光效果比较柔和。高光的颜色太亮了，可稍微降低图层的"不透明度"，设置数值为"66%"，然后添加蒙版，使用画笔工具在左侧涂抹，完成高光的绘制，如图 3-71 所示。

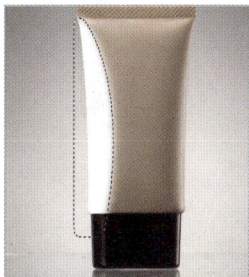

图3-69

图3-70

图3-71

步骤 05 绘制明暗交界线。使用钢笔工具 ✐ 在明暗交界线处绘制路径，将路径转为选区，

并对选区进行羽化，设置"羽化半径"为"25"像素。新建一个图层并命名为"明暗交界线"，使用吸管工具 ✐ 在明暗交界线处拾取颜色，然后在"拾色器"中选择一个较深的颜色（色值可以为"R88 G64 B50"），然后进行填充，如图 3-72 所示。颜色太暗了，选择菜单栏"滤镜"＞"模糊"＞"高斯模糊"命令，打开"高斯模糊"对话框，设置"半径"为"50 像素"，降低图层的"不透明度"，设置数值为"38%"，然后添加蒙版，使用画笔工具在右侧涂抹，完成明暗交界线的绘制，如图 3-73 所示。

图3-72

图3-73

步骤 06 绘制阴影。按住"Ctrl"键并单击"瓶身"组中的蒙版，将瓶身创建为选区，按"Ctrl+Shift+I"组合键反选选区，新建一个图层并命名为"瓶身投影"，填充和明暗交界线一样的颜色，用移动工具往上移，此时会出

现瓶身的阴影，如图 3-74 所示；选择菜单栏"滤镜">"模糊">"高斯模糊"命令，打开"高斯模糊"对话框，设置"半径"为"16.6"像素以虚化阴影，效果如图 3-75 所示；为该图层添加蒙版，隐藏多余的阴影，如图 3-76 所示。

成亮面的绘制，如图 3-79 所示。

图3-77

图3-74

图3-75

图3-76

图3-78

步骤 07 绘制亮面。使用钢笔工具 在亮面绘制路径，将路径转为选区，并对选区进行羽化，设置"羽化半径"为"25"像素。新建一个图层并命名为"亮面"，填充白色，此时亮面效果较为强烈，如图 3-77 所示。选择菜单栏"滤镜">"模糊">"高斯模糊"命令，打开"高斯模糊"对话框，设置"半径"为"142"像素，如图 3-78 所示。单击"确定"按钮，此时亮面效果比较柔和。颜色太亮了，降低图层的"不透明度"，设置数值为"25%"，然后添加蒙版，使用画笔工具在左侧涂抹，完

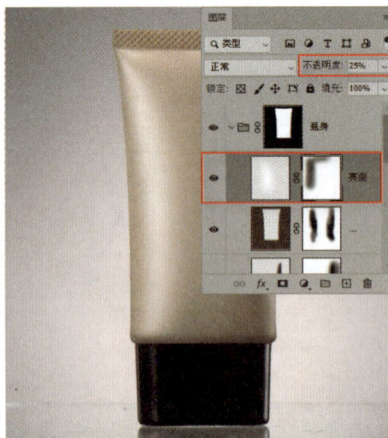

图3-79

步骤 08 修饰瓶底。选中"图层 1"，使用钢

笔工具  将瓶底创建为选区，如图 3-80 所示。按"Ctrl+J"组合键将选区内的图像复制到新图层中，新图层命名为"瓶底"，将"瓶底"图层拖动到"亮面"图层的上方，使用钢笔工具 将瓶底的暗条创建为选区，按"Ctrl+J"组合键将选区内的图像复制到新图层中，新图层命名为"暗条"，单击"图层"面板中的 按钮，填充一个比瓶身深的色彩（色值为"R181　G141　B113"），降低图层的"不透明度"，设置数值为"75%"，效果如图 3-81 所示。然后单击 按钮，添加内阴影，参数设置如图 3-82 所示。此时暗条呈现凹陷感，效果如图 3-83 所示。

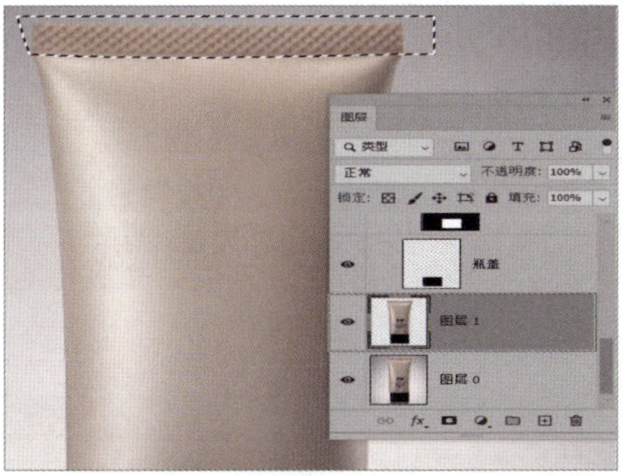

图3-80

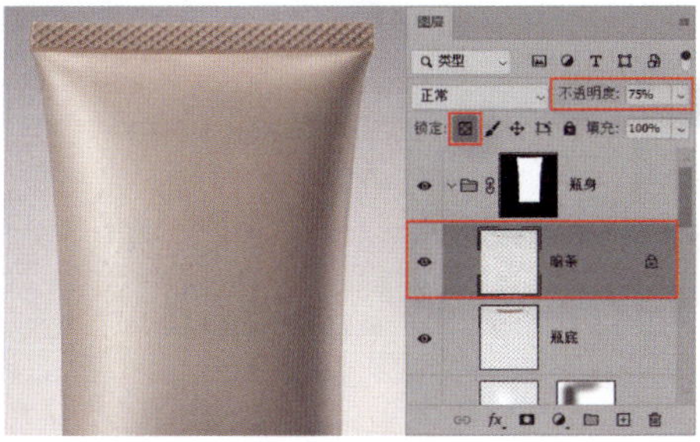

图3-81

步骤 09 给瓶身加质感。新建一个图层，命名为"质感"，将该图层填充为黑色。选择菜单栏"滤镜">"杂色">"添加杂色"命令，打开"添加杂色"对话框，参数设置如图 3-84

所示，效果如图 3-85 所示。设置图层混合模式为"滤色"，瓶身表面具有粗糙的质感，如图 3-86 所示。选择菜单栏"滤镜">"模糊">"动感模糊"命令，打开"动感模糊"对话框，参数设置如图 3-87 所示，瓶身表面呈现出拉丝质感，效果如图 3-88 所示。

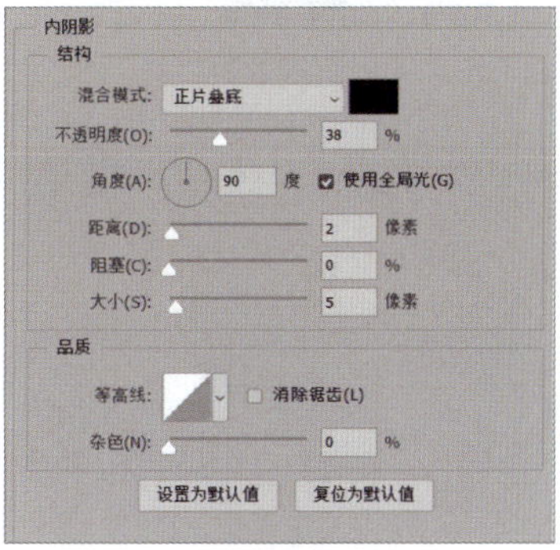

图3-82

图3-83

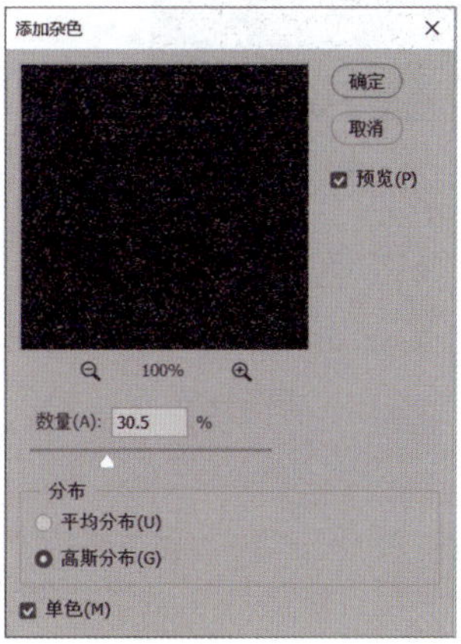

图3-84

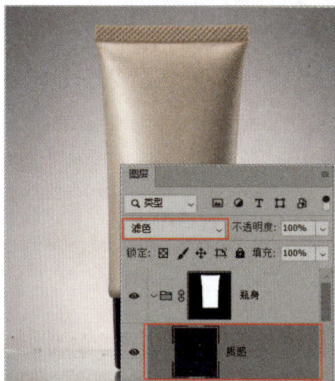

图3-85

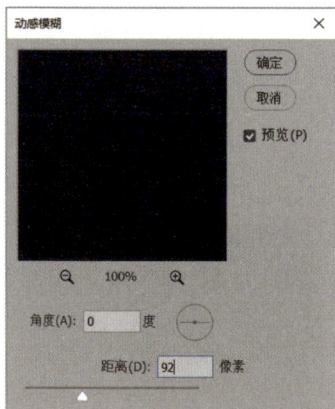

图3-86

区域压暗；在曲线的右端点和中间位置之间添加控制点并向上拖动，提亮画面的高光区域，如图3-90所示。

图3-88

图3-89

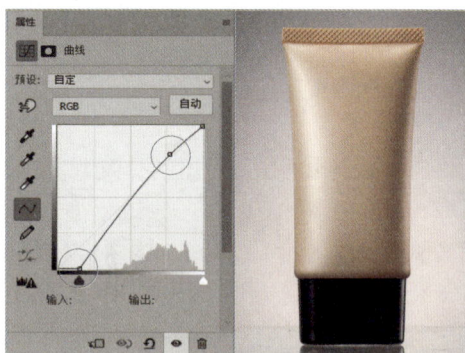

图3-90

4. 修饰瓶盖

步骤 01 瓶盖本身就是黑色，因此不需要进行去污修饰。使用吸管工具 ✏️ 拾取瓶盖上最深的颜色，选中"瓶盖"图层，单击"图层"面板中的 按钮，使用拾取的颜色进行填充，

步骤 10 调整瓶身颜色。单击"调整"面板中的 按钮，添加"色相/饱和度"调整图层，设置"饱和度"为"+25"，如图3-89所示。单击"调整"面板中的 按钮，添加"曲线"调整图层，向右拖动黑色滑块，将画面的阴影

如图 3-91 所示。瓶盖的材质是硬质塑料，可通过塑造光影表现其质感，所用方式和修饰瓶身的方式一样。

图3-91

步骤 02 绘制高光。使用矩形选框工具 在高光处绘制选区，单击鼠标右键，在弹出的快捷菜单中选择"变换选区"命令，适当旋转选区，让其倾斜一点。羽化选区，设置"羽化半径"为"25"像素，然后新建一个图层，命名为"高光"，并填充白色。如果高光亮度太强，可以使用"高斯模糊"滤镜适当模糊，打开"高斯模糊"对话框，设置"半径"为"11"像素，效果如图 3-92 所示。按"Ctrl+J"组合键复制高光，选择"编辑"＞"变换"＞"水平翻转"命令，将其移动到瓶盖右侧，按"Ctrl+T"组合键将光线压扁，右侧光要比左侧光弱，降低图层的"不透明度"，设置数值为"81%"，效果如图 3-93 所示。按"Ctrl+J"组合键复制左侧高光，然后将光线压扁，移动到左侧高光的中间位置，降低图层的"不透明度"，设置数值为"17%"，效果如图 3-94 所示。

图3-93

图3-94

步骤 03 绘制阴影。按住"Ctrl"键单击"瓶盖"组的蒙版，将瓶盖创建为选区，按"Ctrl+Shift+I"组合键反选选区，新建一个图层并命名为"瓶盖投影"，填充黑色，效果如图 3-95 所示。用移动工具将阴影往上移，打开"高斯模糊"对话框，设置"半径"为"11"像素以虚化阴影，效果如图 3-96 所示。

图3-95　　　　　　图3-96

步骤 04 绘制亮面。使用钢笔工具 在亮面绘制路径，将路径转为选区，新建一个图层并命名为"亮面"，填充白色，降低图层的"不透明度"，设置数值为"22%"。打开"高斯模糊"对话框，设置"半径"为"9"像素，单击"确定"按钮，此时亮面效果比较柔和，如图 3-97 所示。

图3-97

图3-92

步骤 05 绘制瓶盖与瓶身之间的阴影。按"Ctrl+J"组合键复制"瓶盖"图层，将复制的图层移到"瓶盖"图层组的上方，将该图层的"填充"设置为"0%"，然后添加内阴影效果，参数设置如图 3-98 所示，效果如图 3-99 所示。

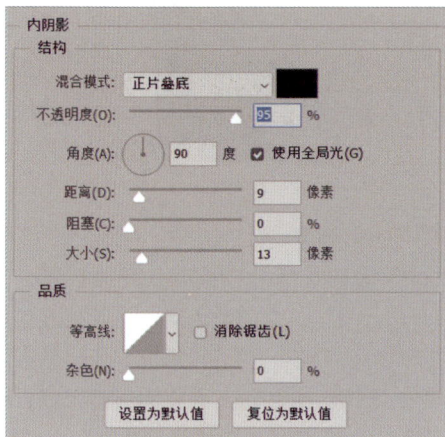

图3-98

图3-99

5. 贴图

步骤 01 将"瓶身"图层组和"瓶盖"图层组隐藏，打开素材文件"瓶贴"，使用移动工具 ⊕ 分别将文字依次移动到瓶身上，按"Ctrl+T"组合键，将文字缩放到合适的大小，可以看到瓶贴的文字布局基本正确，如图 3-100 所示。

图3-100

步骤 02 选中添加的文字，按"Ctrl+E"组合键将所有文字合并到一个图层，命名为"瓶贴"。新建一个图层，命名为"光"，按"Alt+Ctrl+G"组合键，将该图层以剪贴蒙版的方式置入"瓶贴"图层，将前景色设置为白色，使用画笔工具，给文字添加光感，让贴图的效果更自然，如图 3-101 所示。

图3-101

步骤 03 在"图层 0"的上方新建一个图层并填充白色，完成对 BB 霜图片的精修，效果如图 3-102 所示。

图3-102

项目拓展：液化修饰使人物形象更完美

在对人物的五官、形体进行处理时，通常会使用"液化"滤镜。"液化"滤镜的功能非常强大，它通过对图像进行推、拉、扭曲等操作改变图片中像素的位置，以实现调整图像或形状的目的。下面以对一个眼霜广告中的模特的五官、形体进行修饰为例，讲解"液化"滤镜的具体使用方法。

微课视频

步骤 01 打开素材文件"美妆模特"，该图片将用于眼霜广告中，从图3-103可以看出，人物的眼睛有点小，面部、脖子略宽。

图3-103

步骤 02 对人物面部塑形。选择菜单栏中的"滤镜">"液化"命令，打开"液化"对话框，单击"人脸识别液化"选项左侧的黑色三角形，显示"眼睛""鼻子""嘴唇""脸部形状"等选项，可以对选项对应的内容单独进行控制。根据原图存在的问题，向右拖动"眼睛大小"的两个滑块，将眼睛调大；分别向左拖动"下颌"和"脸部宽度"的滑块，将下颌与脸部的宽度缩小，如图3-104所示。

单击链接按钮，同时调整左右两个选项

图3-104

小提示

对人物面部进行液化处理时要遵循的基本原则：在保持人物本身特质的前提下，以"三庭五眼"为标准进行修饰。

步骤 03 把人物脖子部分变细。选择"液化"对话框左侧的向前变形工具，在人物的脖子左侧弧度处，长按鼠标左键并向右拖动，将

此处收窄一些。按相同的方法将人物的脖子右侧收窄一些。在手动修形时一定要把握好人物本身的形体结构。使用向前变形工具时要注意，在调整较大弧度时可以将画笔调大，在调整较小弧度时可以将画笔调小，并且使用该工具时力度一定要适当。在"液化"对话框右侧的"画笔工具选项"中可以设置画笔的大小、密度、压力和速率等，如图3-105所示。

图3-105

步骤 04 对人物进行液化处理前后的效果如图3-106所示。将调整好的图片添加到眼霜广告中，效果如图3-107所示。

图3-106

图3-107

思考与练习

网店美工在处理商品图片的过程中需要思考以下问题。

① 完成修图后，用什么格式保存图片比较好？

② 什么样的商品图片需要精修？

一、选择题

1. 在Photoshop中，如果一张照片不够清晰，可用（　　）滤镜修复。

A. 中间值　　　　　　B. 锐化　　　　　　C. 风格化　　　　　D. 去斑

2. 下面的命令中，（　　）可以用于进行图像色彩的调整。

A. 亮度/对比度命令　　B. 曲线命令　　　　C. 变化命令　　　　D. 模糊命令

3. 在Photoshop中使用仿制图章工具，按住（　　）并单击可以确定取样点。

A. Alt键　　　　　　　B. Ctrl键

C. Shift键　　　　　　D. Alt+Shift组合键

二、填空题

1. （　　）命令用于对图片的整体亮度和对比度进行调整。

2. （　　）可以直接拾取图像区域的颜色，并将颜色设置为前景色。

3. 改变人物脸型、发型、身材，通常会使用（　　）工具。

三、简答题

1. 简述Photoshop调整图像颜色的两种方式（调整命令和调整图层）的区别。

2. 简述商品图片精修的重要性及基本步骤。

四、操作题

1. 打开素材文件"小熊"（习题素材与答案\项目3\调色\小熊），调整整体颜色，原图及调整效果如图3-108所示。

2. 打开素材文件"服装模特"（习题素材与答案\项目3\清除图片上的污迹\女装模特），将人物鞋子上的污迹去除，原图与调整效果如图3-109所示。

原图　　　　　调整效果　　　　　　　原图　　　　　调整效果

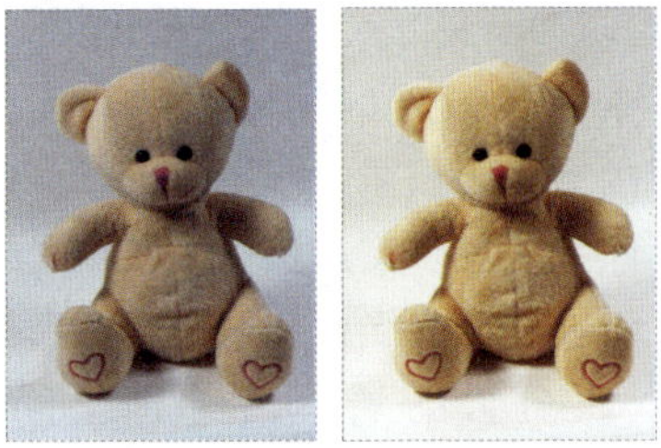

图3-108　　　　　　　　　　　　　图3-109

项目 **4**

网店首页视觉设计

网店首页是整个网店的形象展示页，其视觉设计至关重要，直接影响网店的品牌宣传效果和消费者的购物体验。本项目将对网店首页的核心模块，如店招与导航栏、海报、优惠券的设计与制作方法进行介绍。

⚙项目描述

网店首页视觉设计的好坏直接影响消费者对网店的印象，好的网店首页视觉设计能提升网店的形象，赢得消费者的好感，从而促进商品的销售。如何设计出具有吸引力的网店首页呢？本项目将讲解网店首页的主要功能，介绍网店首页的核心模块及其设计要点，通过展示一个家居收纳网店的首页视觉设计实践，分析店招与导航栏、海报、优惠券的设计与制作方法。

【课前预习】

预习课程	网店首页视觉设计
预习内容	1. 在网络中搜索并浏览网店首页视觉设计的相关资料。 2. 阅读本项目内容,熟悉本项目的知识结构。 3. 阅读下面的案例并回答问题。 <center>将网店当作一个杂货铺</center>小美在淘宝经营一家零食网店,由于对网店视觉设计一点也不懂,她在网店首页系统允许或默认的上架宝贝数量范围内,将自己的商品一股脑地全部呈现给了消费者。结果,消费者视她的网店为一个杂货铺。即使小美有好商品,也没有多少消费者会认同她的商品品质。即使她的商品品质与同行的商品一样,甚至价格还略比同行低,也没有消费者购买。 思考:(1)在设计网店首页时需要注意哪些问题? (2)你认为将小美的网店设计成哪种风格比较合适?
学习目标	1. 了解网店首页的主要功能 2. 了解网店首页的核心模块 3. 了解店招与导航栏、海报、优惠券的设计要点
技能目标	1. 掌握制作店招与导航栏的方法 2. 掌握制作海报的方法 3. 掌握制作优惠券的方法
素养目标	尊重自己的工作,干一行爱一行
预习时间	20 分钟

4.1 网店首页的主要功能

为了设计出具有吸引力的网店首页，网店美工需要了解网店首页的主要功能，这样才能有针对性地设计出满足消费者需求的网店首页。

4.1.1 展示形象

网店首页作为整个网店的门面，需要直观地表现出网店风格、展示网店形象。消费者进入网店会通过网店首页的内容对网店进行一个详细的判断，判断的结果其实就是网店给消费者留下的印象。

4.1.2 展示商品

网店首页能够更好地展示商品，从而促进商品销售。消费者从某一款商品进入网店首页，意味着消费者有可能会购买网店的其他商品。当消费者有明确的购买目的时，网店首页需要提供搜索功能，帮助消费者快速方便地找到需要的商品，使消费者快速下单。

4.1.3 推广与营销

网店首页有非常好的资源位置，为了突出网店的促销信息和优惠活动，一般会将这些信息放在网店首页进行展示，以达到很好的推广与营销效果。

4.1.4 引流

网店首页中的导航栏、商品搜索功能是常见的引流方式。消费者可以从导航栏中进入不同类目商品的页面，也可以通过搜索功能快速找到自己需要的商品。

4.2 网店首页的核心模块

网店首页主要由店招与导航栏、海报、优惠活动、商品展示等核心模块组成，每个核心模块的作用都不同。图4-1所示为一个家居收纳网店的首页，下面分别对每个核心模块进行介绍。

4.2.1 店招与导航栏

店招是网店的招牌，位于网店首页的顶端，用于向消费者传递明确的信息，如网店品牌、网店商品、网店定位等。网店美工在进行店招设计时，不仅要突出网店的特色，还要清晰地传达出网店的视觉定位。导航栏位于店招的下方，用于对网店信息进行分类，导航栏的内容一般为全部商品分类、首页等，丰富一些的导航栏还包含会员制度、购物须知、品牌故事等内容。导航栏可以快速链接到相应的指定页面，起到分类展现商品的作用。在进行导航栏设计时，网店美工需要将网店中商品的种类展示出来。

4.2.2 海报

进入网店后，消费者往往会看到网店首页中有一张很大的图片处在一个明显的位置，通

常是在导航栏的下方，这张图片就
是海报。海报的特点是占用面积较
大，而且图片内容比较丰富。海报
一般用于向消费者展示店内当前的
活动的主题、主推的商品或具体优
惠等。海报的内容不仅要有较强的
视觉影响力，还要突出商品的卖
点，从而很好地激发消费者的购买
欲望。为了展示更多的内容，可以
在海报的位置制作轮播海报。轮播
海报就是设计多张海报进行循环播
放，以提升店铺人气，促进商品
销售。

4.2.3 优惠活动

优惠活动模块是网店首页的重
要功能区之一，主要展示网店当前
的优惠活动，如优惠券、满减和打
折等，一般多个活动同时存在。如
网店主推商品与促销活动，商家通
过此向消费者直接推广网店中的单
品，从而引导消费者浏览。在设计
此模块时，通常配合商品图片、文
案、价格等信息来展示活动内容。

4.2.4 商品展示

商品展示模块是网店首页中不
可缺少的部分，用于将网店的主推商
品按照一定的维度要求展示给消费

图4-1

者，其功能与线下实体商店的陈列架的功能一样。商品展示模块要体现出网店的主题、风格，突
出主打商品，增强品牌吸引力，同时从营销目的出发，提炼商品的卖点，吸引消费者的注意力。

4.2.5 页尾

页尾模块位于网店首页的末端，一般用于放置网店底部导航（商品分类）、二维码、购
物须知、网店公告、收藏和分享网店链接、回到顶部链接等，其目的在于加深消费者对网店
的记忆和体现网店服务，引导消费者再次光临。页尾多使用简短的文字和具有代表性的图标
来传递相关信息，页尾的内容应根据网店需要进行添加。

4.3 网店设计与风格定位

定位准确、美观大方的网店设计风格，可以提升网店的品位，吸引目标消费者，从而提升网店的销量。

网店设计风格一般表现为网店的色彩、字体及图片的设计风格。网店平台上有多种模板可供使用，如果模板不符合网店的定位，网店美工就需要根据网店商品的特点重新设计，使网店设计独具特色，也更符合网店定位。

网店设计风格，如果按照视觉效果划分，常见的有简约、复古、田园、科技、商务、可爱等风格；如果按颜色划分，有红、橙、蓝、绿、黑、白等风格。图4-2~图4-4所示为3种不同的网店设计风格，依次为可爱风格、简约风格和复古风格。由于行业不同，网店设计风格差别较大，网店美工要边学习边总结其中的规律。

图4-2

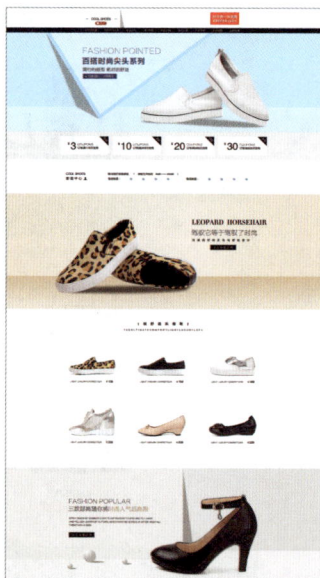

图4-3

图4-4

4.4 店招与导航栏设计要点

店招是网店首页的第一个核心模块，主要展示网店Logo、网店名称、关注（收藏）按钮、活动内容、促销商品等，可以让消费者一眼就了解到网店的信息。导航栏主要用于对商品进行分类，方便消费者快速查找商品。店招是网店形象的重要展示窗口，为了便于推广网店商品和树立品牌形象，网店美工在设计店招时需要注意以下几点。

4.4.1　展示品牌形象

可以通过网店名称和网店Logo展示品牌形象，也可以从品牌专属颜色、Logo颜色、字体等体现品牌气质，还可以通过广告语传递品牌理念。

4.4.2　抓住商品定位

商品定位可以展现网店商品的类别，给消费者传递明确的信息，吸引目标消费者浏览网店内的商品。图4-5所示的店招名称体现了网店的商品定位为"美妆"，其右侧还展示了该网店热卖的商品，这样的店招不仅能让消费者直观地看到该网店卖的是什么商品，还能让消费者知道网店热卖的美妆商品是什么，有利于消费者准确判断该网店的商品是不是自己需要的。

图4-5

4.4.3　设计风格

因为店招的风格决定着整个网店的风格，所以网店美工在设计时，应让网店商品本身的特点与品牌形象统一，注意画面简洁，版式新颖别致，具有视觉美感。图4-6所示为一家农副产品网店的店招与导航栏，店招的整体色调为象征大自然的绿色，绿色与白色搭配，体现出商品绿色、健康、安全，整体画面协调统一。图4-7所示的是一家主要销售男士护肤品的网店店招，该店招以黑色为主色，展示了男性深沉、严肃的性格特征。

图4-6

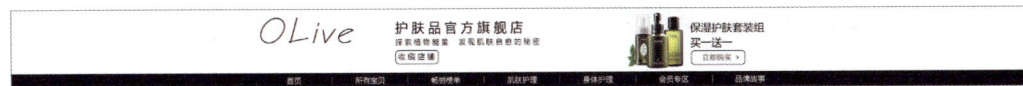

图4-7

4.4.4　尺寸与格式

店招按尺寸可以分为常规店招和通栏店招两类。常规店招的尺寸多为950像素×120像素（不含导航栏），通栏店招的尺寸多为1920像素×150像素（导航栏位于店招下方），店招文件的格式有JPEG、PNG、GIF等。

4.5　海报设计要点

网店首页的海报一般位于消费者进入网店就能看到的最醒目的区域，用于对网店最新商品、促销活动等信息进行展示。好的海报设计不仅可以提升网店的整体设计效果，还可以加深消费者对网店的印象。网店首页的海报必须简洁、鲜明、有号召力与艺术感染力，以达到引人注目的效果。那么网店美工如何设计一张具有感染力的海报，使消费者能够直接了解到最重要的信息呢？下面介绍网店美工在设计海报时需要注意的几个要点。

4.5.1　主题

设计海报需要有一个方向，让消费者明白海报传达的中心思想和主要内容是什么，这个方向就是主题。海报的主题可以是新品上市、活动预热等，一般位于整张海报的第一视觉中心，目的是让消费者一眼就能看到，而且主题要文字简洁，可用个性化的字体、稍大的字号突出商品的特点。

4.5.2　风格

风格就是指海报给人的某种感觉，如古典、可爱、清新或简约、时尚，海报的风格需要根据网店的实际需求和主题来确定。

左右构图

图4-8

4.5.3　构图

在设计海报的过程中，在构图上达到平衡极为重要，同时还要处理好不同元素之间的对比关系，如文字字体的大小对比、粗细对比、虚实对比，商品的大小对比，模特的远近对比等。比较典型的构图方式有左右构图、三分构图、斜切构图，如图4-8~图4-10所示。

三分构图

图4-9

斜切构图

图4-10

4.5.4　配色

配色时网店美工要注意画面内容的统一与协调，重要的文字内容要用醒目的颜色进行强调。为了将图片的效果发挥到最大，网店美工尽量别对文字使用太复杂的颜色，因为图片本身就包含了多种颜色。为了画面色调的统一与协调，网店美工对文字进行配色时，可以选取图片中的颜色，这样可以使画面的色调更协调。

4.5.5　设计规范

海报的尺寸与店招的尺寸一样，需要根据商家的需求来定，海报分为全屏海报与常规海报。全屏海报常见于导航栏的下方，有较大的面积，宽度为1920像素，高度根据版面内容的实际情况而定；常规海报的尺寸应符合平台的尺寸要求，宽度通常为950像素、750像素和190

像素，高度通常为100像素~600像素。

4.6 优惠券的设计要点

优惠券一般位于全屏海报的下方，主要用于吸引消费者并刺激消费者产生购买行为。优惠券是商家经常用到的，尤其是在促销活动期间，许多商家都会用优惠券来增加客流量。不同的网店有着不同的特色，商家为自己的网店设计个性化的优惠券是非常有必要的。下面介绍网店美工在设计优惠券时需要注意的几个要点。

1. 优惠金额。优惠券最重要的一个部分就是优惠金额，这也是消费者最想知道的信息之一，网店美工在设计优惠券时，应尽量将优惠金额设计得醒目。

2. 发放模式。优惠券的发放模式主要有消费满减、会员折扣和消费者自主领取3种。网店店主或网店美工需要根据用户的实际需求确定优惠券的发放模式。

3. 时间限制。一般情况下，如果网店在进行短期推广，就应当限定优惠券的使用日期，这能提高优惠券的使用率。也可以通过时间限制作为提醒，促进用户及时使用优惠券。

小提示

网店首页中展示的优惠券信息有限，一般只展示优惠金额、发放模式、时间限制等主要信息。但一张完整的优惠券还包括很多其他的信息，如优惠券的使用范围、优惠券的使用条件、优惠券的使用张数限制、优惠券的最终解释权等，这些信息只在消费者领取优惠券后才会显示。

素养课堂

"干一行爱一行"是指一个人对工作的态度，无论在哪个行业中，一个人只有热爱他的工作并不断地钻研、进取，才能把自己的工作做好、做得更具特色，如农业科学家袁隆平之于杂交水稻事业，"铁人"王进喜之于油田事业，边防军人之于国防事业，医生、护士之于医疗事业等。因此，我们在学习网店美工相关课程时，也要做到勤学、勤问、勤做，培养自己的兴趣和热情，为以后的工作打好基础。

项目实践：家居收纳网店首页设计

明确网店首页的核心模块及其设计要点后，网店美工就可以进行网店首页的具体设计工作了。下面将以家居收纳网店首页设计为例，讲解该网店首页主要模块的设计方法，如店招、海报、优惠券等，设计效果如图4-11所示。

设计思路：

在设计网店首页时，网店美工可以从下面几个方面入手。

① 要从网店的品牌风格、商品特点、目标消费者等因素考虑，以保证网店风格与商品风格的一致性。

② 家居收纳网店可以采用蓝色、卡其色等温馨的色彩作为主色调。本例以红色、蓝色为主色调，并用白色和黄色进行点缀，选择简单的字体以打造简约的风格。

图4-11

③ 为了增强画面的美感，可以适当运用线条、矩形等进行版面的修饰与分割。

知识要点：

完成本例的操作，网店美工需要掌握以下知识。

① 使用参考线辅助排版。

② 使用矩形工具、圆角矩形工具、自定形状工具、直线工具、钢笔工具绘制形状。

③ 利用横排文字工具、直排文字工具设置文本格式，输入文本。

操作步骤：

下面制作家居收纳网店的店招与导航栏、海报、优惠券，具体操作步骤如下。

1. 制作店招与导航栏

本例的店招为通栏店招，主要内容包括网店Logo、网店名称、收藏按钮、促销商品等。由于该网店的Logo为红色，因此店招与导航栏的整体色调采用与红色相近的粉色调。制作店招与导航栏的具体操作步骤如下。

微课视频

步骤 01 新建文件。选择"文件">"新建"命令或按"Ctrl+N"组合键，新建大小为1920像素×150像素、"分辨率"为"72像素/英寸"、"颜色模式"为"RGB颜色"、名为"家居收纳-店招与导航栏"的文件。

步骤 02 添加参考线划分版面。先在水平方向添加一条参考线，选择菜单栏中的"视图">"新建参考线"命令，在弹出的对话框中选中"水平"选项，输入"120"像素，单

击"确定"按钮，这条参考线为店招和导航栏的分界线；在垂直方向左右两边485像素处各添加一条参考线，确定店招主体内容的位置，注意避免因分辨率的变化使主体内容不能完全显示的情况，效果如图4-12所示。

步骤 03 制作店招。将素材文件"收纳Logo"添加到文件中，使用直线工具 ✎ 在Logo的右侧绘制一条大小为1像素×47像素的竖线，效果如图4-13所示。

图4-12

图4-13

步骤 04 选择横排文字工具 ，在工具选项栏中设置字体为"方正兰亭中黑简体"，字号为"20 点"，颜色为深灰色（色值为"R53 G53 B53"），输入"家居生活好帮手！"；选择圆角矩形工具 ，绘制一个大小为 90 像素 ×19 像素、"填充"为红色（色值为"R235 G16 B54"）、"半径"为"9.5 像素"的圆角矩形；选择横排文字工具 ，在工具选项栏中设置字体为"方正兰亭中黑简体"，字号为"13 点"，颜色为白色，输入"收藏有礼"；使用自定义形状工具 绘制一个心形，效果如图 4-14 所示。

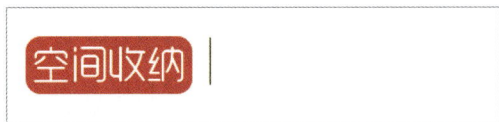

图4-14

步骤 05 将素材文件"移动抽屉"和"收纳箱"添加到店招中，效果如图 4-15 所示。

图4-15

步骤 06 选择横排文字工具 ，在工具选项栏中设置字体为"微软雅黑"，字号为"17 点"，颜色为深灰色（色值为"R53 G53 B53"），输入"收纳能手"，再输入"可移动抽屉柜"，设置后者的字号为"19 点"，效果如图 4-16 所示。

图4-16

步骤 07 设置颜色为红色（色值为"R 235 G 16 B54"），输入"￥109"，设置"￥"的字体为"微软雅黑"，字号为"20 点"，设置"109"的字体为"方正兰亭特黑简体"，字号为"35 点"，以突出价格，效果如图 4-17 所示。

图4-17

步骤 08 选择矩形工具 ，在工具选项栏中设置颜色为黄色（色值为"R251 G213 B5"），绘制一个 97 像素 ×21 像素的矩形；选择钢笔工具 ，在矩形的右下角两边添加锚点，选择直接选择工具 ，选中矩形右下角的角点，按"Delete"键删除，将矩形剪掉一个角，效果如图 4-18 所示。

图4-18

步骤 09 选择横排文字工具 ，在工具选项栏中设置字体为"微软雅黑"，字号为"14 点"，颜色为红色（色值为"R235 G16 B54"），输入"点击购买 >"，效果如图 4-19 所示。

图4-19

步骤 10 复制"移动抽屉"图片右侧的文字和图形，粘贴到"收纳箱"图片的右侧，将文字替换成与"收纳箱"相关的内容。选择矩形工具 ▢，在工具选项栏中设置颜色为浅粉色（色值为"R255 G248 B248"），绘制一个 1920 像素 ×120 像素的矩形，完成店招的制作，效果如图 4-20 所示。

图4-20

步骤 11 制作导航栏。选择矩形工具 ▢，在工具选项栏中设置颜色为豆沙粉色（色值为"R254 G114 B113"），绘制一个 1920 像素 ×30 像素的矩形，效果如图 4-21 所示。

图4-21

步骤 12 选择横排文字工具 T，在工具选项栏中设置字体为"微软雅黑"，字号为"16 点"，颜色为白色，输入"首页""客厅收纳""卧室收纳""厨房收纳""桌面 / 办公收纳""清洁用品""洗晒用品"；将颜色设置为黄色（色值为"R255 G255 B0"），在"首页"右侧输入"所有商品"；选择直排文字工具 IT，设置字体为"微软雅黑"，字号为"24 点"，颜色为黄色，输入符号"﹀"，黄色文字高亮显示时表示该类别内容处于选中状态；使用矩形工具在各个类别之间绘制白色竖线，完成导航栏的制作，效果如图 4-22 所示。

图4-22

2. 制作海报

本例设计的海报为新品推广海报，旨在通过新品推广让目标消费者在最短的时间内了解商品的功能。在海报的制作过程中，以新品推广为主题进行设计，以商品的功能为卖点提炼文字，根据商品图片设计背景，具体操作步骤如下。

微课视频

步骤 01 新建文件。新建大小为 1920 像素 ×655 像素、"分辨率"为"72 像素 / 英寸"、"颜色模式"为"RGB 颜色"、名为"家居收纳 - 海报"的文件。

步骤 02 添加商品图片。本例采用左右构图的方式，文字在左边，商品图片在右边。将素材文件"多层家居收纳柜"添加到文件中，并调整为合适的大小。商品图片建议大一些，以营造版面饱满的感觉，效果如图 4-23 所示。

图4-23

步骤 03 添加背景。将素材文件"背景"添加到文件中，并调整为合适的大小。该背景简洁明了、色彩清新，可突出商品。然后为商品图片绘制投影，效果如图4-24所示。

图4-24

步骤 04 输入主题文字内容。选择横排文字工具 **T**，在工具选项栏中设置字体为"思源黑体CN"，字号为"100点"，颜色为白色，在画面中输入"多种规格 自由组合"；将字号调为"30点"，输入"家居收纳小能手 多层家居收纳柜"；设置字号为"19点"，颜色为深灰色（色值为"R53 G53 B53"），输入"在有限的居家环境里，只需给我一点点空间，就能还您一个整洁的家"，效果如图4-25所示。

图4-25

步骤 05 双击"多种规格 自由组合"图层，在打开的"图层样式"对话框的左侧列表中，勾选"投影"复选框，为文字添加"投影"效果，具体参数设置如图4-26所示。将"投影"效果复制到文字"家居收纳小能手 多层家居收纳柜"上，然后使用直线工具 **/** 在这两行文字之间绘制一条白色横线，效果如图4-27所示。

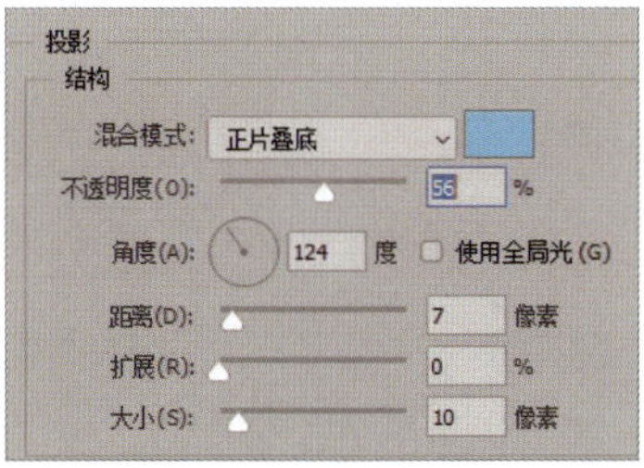

图4-26

图4-27

步骤 06 输入卖点文字内容。单击横排文字工具 **T**，在工具选项栏中设置字体为"思源黑体CN"，字号为"19点"，颜色为深灰色，输入"780深形三/四/五层柜"；设置颜色为红色（色值为"R235 G16 B54"），输入符号"¥"；设置字号为"51点"，输入"159"；设置字号为"23点"，输入"起"，效果如图4-28所示。

步骤 07 选择矩形工具 **□**，设置"填充"为白色，"描边"为深灰色，描边宽度为"1像素"，在商品价格的右侧绘制一个矩形，在矩形中输入"立即购买"，设置字体为"思源黑体CN"，字号为"19点"，颜色为深灰色，效果如图4-29所示。

图4-28

图4-29

步骤 08 将素材文件"盆景"添加到文件中，并移动到画面的右下角，这样既可以平衡画面，又可以丰富画面效果。继续添加其他素材，完成后保存文件，最终效果如图4-30所示。

图4-30

3. 制作优惠券

下面制作家居收纳网店首页的优惠券，为了配合店招、导航栏与海报的风格，本例在制作优惠券时会使用与店招相近的颜色。本例介绍制作满减优惠券，具体操作步骤如下。

微课视频

步骤 01 新建文件。新建大小为 1920 像素 × 225 像素、"分辨率"为"72 像素 / 英寸"、"颜色模式"为"RGB 颜色"、名为"家居收纳 - 优惠券"的文件。

步骤 02 绘制优惠券背景。选择矩形工具 ，在工具选项栏中设置绘图模式为"形状"、"填充"为无，在"描边"选项中将"描边类型"设置为实线，颜色设置为深灰色（色值为"R53 G53 B53"），描边宽度设置为"1 像素"，绘制一个 279 像素 ×148 像素的矩形，设置图层"不透明度"为 30%，效果如图4-31所示。复制该矩形，将"填充"设置为豆沙粉色（色值为"R238 G73 B88"），"描边"设置为无，设置图层"不透明度"为 100%，效果如图4-32所示。

步骤 03 输入优惠券内容。使用横排文字工具 ，在画面中输入"5"，设置字体为"方正兰亭中黑简体"，字号为"106 点"，颜色为白色；将字号调小为"24 点"，输入"元"，效果如图4-33所示。

图4-31

图4-32

步骤 04 选择直排文字工具 ，在画面中输入

符号"〜"，设置字体为"方正兰亭黑简体"，字号为"26 点"，颜色为白色，效果如图4-34所示。

图4-33

图4-34

步骤 05 选择横排文字工具 ，在画面中输入"Coupon"，设置字体为"方正中等线简体"，字号为"16 点"，颜色为白色；将字号调为"32点"，输入"优惠券"，效果如图4-35所示。

步骤 06 选择横排文字工具 ，在画面中输入"满 128 元使用"，设置字体为"方正兰亭黑简体"，字号为"15 点"，颜色为白色。将"Coupon""优惠券""满 128 元使用"3 行文字左对齐，然后选择矩形工具 ，在"优惠券"和"满 128 元使用"之间绘制一条白色横线，完成一组优惠券的制作，效果如图4-36所示。

图4-35

图4-36

步骤 07 选中优惠券的所有图层，按"Ctrl+G"组合键将其创建为"组 1"。选择移动工具 ，

在工具选项栏中勾选"自动选择"复选框并将其设置为"组"，按住"Shift+Alt"组合键，向右移动并复制组，得到其他两个优惠券组。修改优惠券的金额与满减条件，并移动到合适的位置，效果如图 4-37 所示。

图4-37

步骤 08　使用矩形工具 □，绘制白色矩形用来遮挡灰色矩形的下边线，完成后保存文件，最终效果如图 4-38 所示。

图4-38

项目拓展：网店视觉设计常用图像格式

在网店视觉设计中，常见的图像格式主要有PSD、JPEG、PNG、GIF。下面分别介绍一下这4种格式。

PSD格式：在存储新文件时，PSD格式为默认格式。该格式的文件可以保留图像中的图层、蒙版、通道、路径、文字格式、图层样式等信息，以便后期修改。在"另存为"对话框的"保存类型"下拉列表中选择可直接将文件保存为该格式。

JPEG格式：JPEG格式是一种常见的图像格式。如果图像将用于冲印等对图像品质要求不高的情况，可以把图像存储为JPEG格式。JPEG格式是一种压缩率较高的图像格式，当把创建的图像存储为这种格式时，图像的品质会有一定的损失。

PNG格式：PNG格式是一种比较常见的图像格式，这种格式的文件通常被作为背景透明的素材文件使用，不会被单独使用。例如，在网页设计、UI设计中，当需要背景透明的图像时，网店美工可在Photoshop中去除图像背景，再将图像保存为PNG格式。

GIF格式：GIF格式是将图像输出到网页中时常用的格式。GIF格式采用LZW 压缩技术，支持透明背景和动画，被广泛应用于网络中。网页被切片后常以GIF格式输出。除此之外，动态的QQ表情、图像等也是GIF格式的。

思考与练习

网店首页要展现的内容较多，制作方法也较为复杂，制作网店首页是网店美工工作的重点。在实际工作中，网店美工需要注意思考以下问题。

① 如何确定网店首页的设计风格？

② 在网店首页设计中，如何使页面保持简洁统一的视觉效果？

一、选择题

1. 就淘宝而言，通栏店招的尺寸通常为（　　　　）。

A. 1920像素 × 150像素　　　　　　B. 950像素 × 150像素

C. 800像素 × 800像素　　　　　　D. 520像素 × 280像素

2. 就淘宝而言，全屏海报的宽度通常为（　　　）。

A. 1920像素　　B. 950像素　　　　C. 750像素　　　　　　D. 190像素

3. 下列不属于优惠券的发放模式的是（　　　）。

A. 消费满减　　　　　　　　B. 会员折扣

C. 消费者自主领取　　　　　　D. 7天无理由退换货

二、填空题

1.（　　　）是整个网店的形象展示页，其视觉设计至关重要，直接影响网店的品牌宣传效果和消费者的购物体验。

2.（　　　）是网店的招牌，位于网店首页的顶端，用于向消费者传递明确的信息，如网店品牌、网店商品、网店定位等。

3. 在进入网店后，消费者往往会看到网店首页中有一张很大的图片位于一个明显的位置，通常在导航栏的下方，这张图片就是（　　　）。

三、简答题

1. 简述什么是轮播海报。

2. 简述网店首页的核心模块。

四、操作题

1. 制作小家电专卖店的店招与导航栏（习题素材与答案项目4\店招与导航栏）。该店招与导航栏以蓝色为主色，搭配深蓝色与浅蓝色，表现商品的简洁、干净，给人以清新感，制作出的店招与导航栏效果如图4-39所示。

图4-39

2. 制作拉杆箱网店的首页海报（习题素材与答案\项目4\首页海报）。海报以"一场说走就走的旅行"为主题，通过添加三角形与直线元素，使画面具有动感、氛围活跃，制作出的海报效果如图4-40所示。

图4-40

项目 **5**

网店主图视觉设计

　　主图是网店用来直接展现单个商品的工具，消费者在商品列表中看到的信息一般只有商品名称、价格与主图。主图可以说是商品的招牌，一张优秀的主图不仅可以展示商品，还能够快速吸引消费者的注意力，引导消费者进一步了解商品或网店，从而提高网店的销量。

　　本项目将从了解主图的设计要点，掌握商品主图的处理技法如尺寸调整、裁剪、抠图等操作，以及主图的设计制作等方面进行讲解。

⊙项目描述

　　作为商品的招牌，主图对商品的点击率和交易率有着巨大的影响。只有引起消费者的注意，消费者才会单击主图，从而进一步了解商品。如何设计出具有吸引力的主图呢？本项目将从了解主图的内容开始，帮助大家熟悉主图的设计要点，掌握调整商品图片尺寸、裁剪商品图片，以及抠图的方法等，为制作主图做准备，然后通过设计一款拉杆箱的主图进行实践。

【课前预习】

预习课程	网店主图视觉设计
预习内容	1.在网络中搜索并浏览网店主图视觉设计的相关资料。 2.阅读本项目内容，熟悉本项目的知识结构。 3.阅读下面的案例并回答问题。 <div align="center">盗用商品图片</div>现在有很多商家都会在淘宝上开店，有一些商家为了节省一部分成本，盗取同行的图片，常见的盗图方式包括原封不动地照搬、截取他人的图片，抠取他人图片内容，拼接或翻转他人的图片等。以上行为一旦发生，涉事商家就可能面临被平台扣分、封号等处罚，甚至陷入法律纠纷。 思考：（1）案例中一些商家的做法属于什么行为？ （2）网店美工该怎样获取素材？
学习目标	1.了解网店主图的概念及设计要点 2.了解"图像大小"命令与"画布大小"命令的使用方法 3.了解裁剪工具的使用方法 4.了解各种抠图工具的使用方法
技能目标	1.掌握调整商品图片尺寸的方法 2.掌握抠图的不同方法 3.掌握网店主图的设计要点
素养目标	遵纪守法，增强版权意识
预习时间	20分钟

5.1　什么是主图

主图就是商品页面中的第一张图，它是网店用来直接展现单个商品的工具方式。商品页面中的主图最多可以有5张，最少要有1张。第一张主图依据商品的卖点及特点被设计成商品最重要的主图，主要包含商品名称、商品图片，以及商品的卖点和价格等重要信息；而其他主图为商品的普通主图，主要用于描述商品的细节。图5-1所示为淘宝平台上的一款多功能料理机的主图。

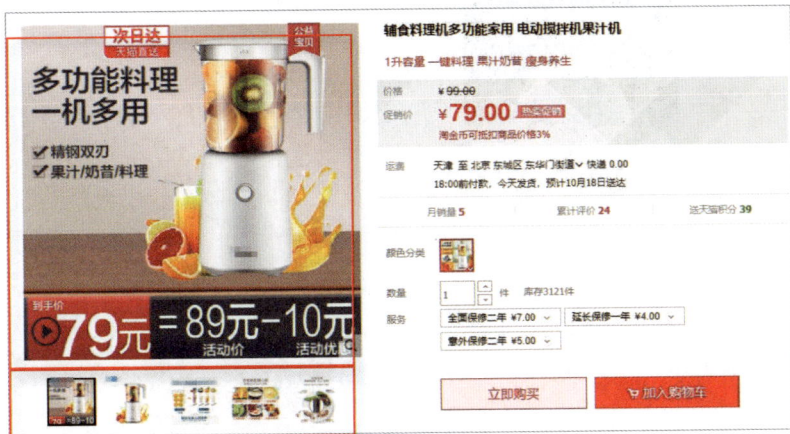

图5-1

5.2　主图的设计要点

在天猫、京东、当当等电商平台上，主图是最先映入消费者眼帘的图片，第一张主图在一般情况下还会在商品搜索结果页显示。主图的位置决定了自身的重要性，它能起到视觉营销推广的作用，使消费者对商品产生兴趣，进而为网店增加流量和销量。网店美工如果想要制作出高点击率的主图，为商品销售提供帮助，就需要在制作主图前掌握主图的设计要点。

5.2.1　商品图片

商品图片要能吸引人。在主图中，商品图片要大小适中，并且能展现商品的细节，包括材质、纹理等。商品图片必须与商品实物相符，必须清晰，尽可能不出现色彩与造型上的偏差，最好为高质量的商品实物照片。如果主图中的商品图片与商品实物不符，那么可能会引起售后纠纷，从而影响商品的销售与网店的运营。

5.2.2　卖点

卖点是指商品与众不同的特色、特点，既可以是商品的款式、材质、功能，也可以是商品的价格。卖点要清晰、有创意，不宜太多，要直击要害，让消费者粗略一看就能快速明白商品的优势是什么，这样才能让商品从众多同类商品中脱颖而出。

↘ 5.2.3　促销信息

消费者一般比较喜欢促销商品，如果商品正在促销，则可以将促销信息添加到主图中，以提高主图的点击率。促销信息要简短清晰，并且要避免喧宾夺主。图5-2所示为具有促销信息的主图。

图5-2　　　　图5-3

↘ 5.2.4　设计风格

主图的设计风格应该符合商品本身的风格。设计主图时要注意画面简洁，切忌使用过于复杂的背景和杂乱的色彩，以免分散消费者的注意力。因为消费者浏览主图的速度往往较快，所以主图传达的信息越简单、明确，越容易被消费者接收。图5-3所示的主图画面简洁，展现了耳机的靓丽、大气。

↘ 5.2.5　设计规范

不同平台对主图尺寸的要求也不同，主图的常用尺寸是800像素×800像素，格式可以是JPG、PNG等。在上传主图时，网店美工要将其大小控制在500KB以内。

5.3　调整商品图片尺寸

调整商品图片尺寸是网店视觉设计中非常重要的操作，可以使用Photoshop的"图像大小"和"画布大小"命令来调整已有图片的尺寸。例如，电商平台通常会指定主图的尺寸，如图片的长、宽均为800像素，这时就可以使用这两个命令来实现。本例中商品图片尺寸调整前后的对比效果如图5-4所示，商品图片尺寸调整的具体操作步骤如下。

微课视频

图5-4

步骤 01 选择菜单栏中的"文件"＞"打开"命令(或按"Ctrl+O"组合键)，打开素材文件"保鲜盒"。选择菜单栏中的"图像"＞"图像大小"命令，打开"图像大小"对话框，在这里可

以看到图像的"宽度"为"2000像素"、"高度"为"1371像素"，如图5-5所示。

步骤 02 修改图像大小。将"高度"调整为"800像素"，保证"约束长宽比"按钮 处于启用状态，此时宽度会等比例缩小，单击"确定"按钮，如图5-6所示。

图5-5

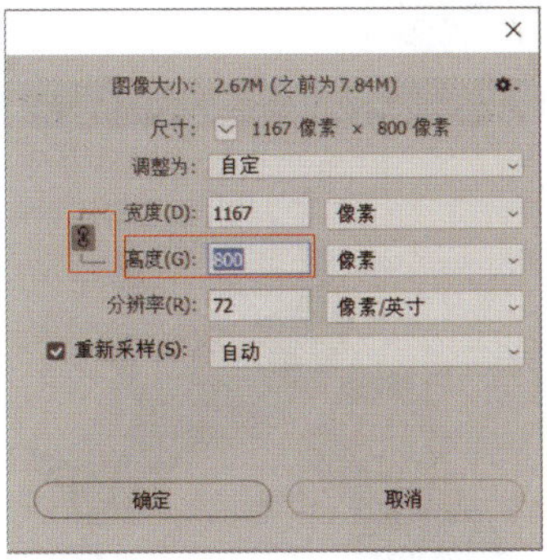

图5-6

步骤 03 修改画布大小。调整后的图像尺寸变为1167像素×800像素，接下来选择菜单栏中的"图像">"画布大小"命令，去掉图像中多余的部分。网店美工在使用"画布大小"命令调整画布前，先双击"背景"图层，将其转为普通图层，如图5-7所示。在"画布大小"对话框中将"宽度"设置为"800像素"，如图5-8所示，然后单击"确定"按钮。

步骤 04 选择移动工具 ✛，按住"Shift"键将画面移动到合适的位置，完成图像尺寸的修改，效果如图5-9所示。

图5-7

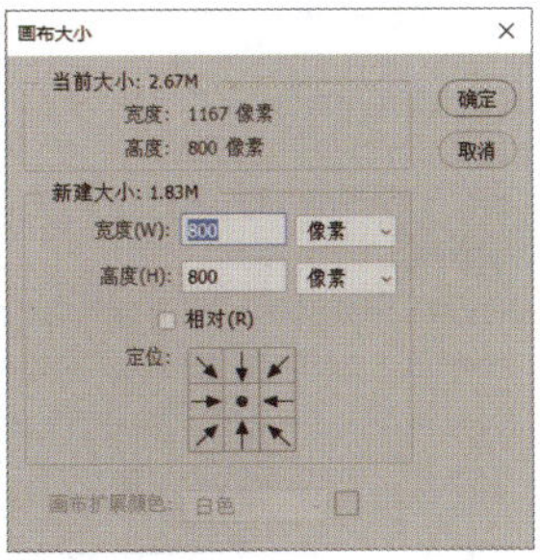

图5-8

图5-9

5.4 裁剪商品图片

当商品图片的构图不符合实际需要，或只需要使用商品图片的某一部分时，可对商品图片进行裁剪。下面介绍将一张"运动鞋"图片裁剪为800像素×800像素的具体操作步骤。

微课视频

步骤 01 打开素材文件"运动鞋"，如图5-10所示。

步骤 02 在工具箱中选择裁剪工具 ，在其工具选项栏中的"选择预设长宽比或剪裁尺寸"下拉列表中选择"宽 × 高 × 分辨率"选项，在右侧的3个文本框中依次输入"800 像素""800 像素""72"，在"分辨率"下拉列表中选择"宽 × 高 × 分辨率"选项，如图5-11所示。

步骤 03 此时画面中出现了裁剪框，按住鼠标左键拖动裁剪框以调整裁剪区域，选中工具选项栏中的"内容识别"选项，如图5-12所示，按"Enter"键完成裁剪操作，效果如图5-13所示。

图5-10

图5-12

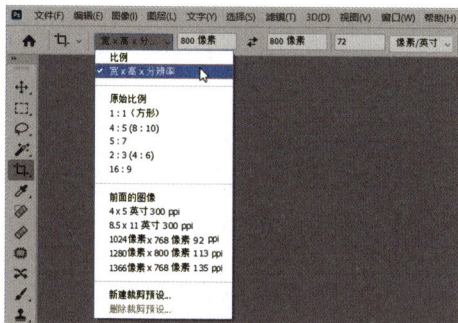

图5-11

图5-13

5.5 抠图

将图片的某一部分从原始图片中分离出来作为单独的图层的操作过程称为抠图。网店美工在制作主图、海报、详情页时，如果只展示简单的商品实物图片，则很难吸引消费者浏览商品。网店美工一般通过抠图并为其更换更美观的背景的方式来营造良好的氛围，增强商品图片的吸引力。在Photoshop中进行抠图的方法有很多种，下面介绍一些常用的抠图方法。

5.5.1 规则商品抠图

网店美工在抠取一些规则的矩形和圆形商品时，可以使用矩形选框工具和椭圆选框工具；抠取边缘为直线的规则商品时，可以使用多边形套索工具。使用矩形选框工具和椭圆选框工具进行抠图的方法比较简单，选择工具后在图片上单击并拖动，就可以创建选区。下面主要介绍如何使用多边形套索工具进行抠图。

微课视频

步骤 01 多边形套索工具用于绘制或选取边缘为直线且棱角分明的对象，它可以创建由线段相互连接的选区。打开素材文件"洗衣机"，选择工具箱中的多边形套索工具，在画面中单击确定起点，如图 5-14 所示。接着将图标指针移动到第二个位置单击，从而形成两处连接成的线段，然后移动到下一个位置单击，依次单击以创建首尾相连的多条线段，如图 5-15 所示。

步骤 02 要封闭选区，可以将鼠标指针移到起点处，此时鼠标指针呈形状，单击即可封闭选区，如图 5-16 和图 5-17 所示。创建选区后按"Ctrl+J"组合键将选区中的内容复制到一个新图层中即可完成抠图操作。

图5-14

图5-15

图5-16

图5-17

5.5.2　简单背景抠图

对于一些背景简单并且与主体的分界线比较明显的图像，通常可使用魔棒工具进行快速抠图。魔棒工具是根据图像的颜色差异来创建选区的工具。下面就以"手提包"图片为例，讲解使用魔棒工具抠图的方法，具体操作步骤如下。

微课视频

步骤 01 打开素材文件"手提包"，单击工具箱中的魔棒工具，在它的工具选项栏中将"容差"设置为"20"，选中"连续"选项，如图 5-18 所示。 在背景上单击即可选中背景，如图 5-19 所示。

步骤 02 按住"Shift"键在未选中的背景处单击，可将其他背景添加到选区中，如图 5-20 所示。

图5-18

图5-19

图5-20

步骤 03 选择菜单栏"选择">"反选"命令或按"Ctrl+Shift+I"组合键反选选区从而选

中手提包，使用移动工具 ⊹ 将其拖动到网店宣传海报中，即可实现背景的更换。稍微旋转手提包，效果如图 5-21 所示。

图5-21

设计经验

　　使用魔棒工具时要注意"容差"和"连续"选项的设置。"容差"决定所选像素之间的相似性或差异性，数值越小，所选的颜色范围就越小；数值越大，所选的颜色范围就越大。当勾选"连续"选项时，只选择颜色连接的区域；当取消勾选该选项时，可以选择与所选像素颜色接近的所有区域。

↘ 5.5.3　精细商品抠图

　　钢笔工具特别适合抠取边缘光滑且形状不规则的对象，使用它可以非常准确地勾画出对象的轮廓，将轮廓路径转换为选区后便可选中对象。下面介绍钢笔工具的使用方法。

　　绘制直线。单击工具箱中的钢笔工具 ✎，在其工具选项栏中将绘图模式设置为"路径"。在画布上单击以建立第一个锚点，然后在另一处单击，在画布上建立第二个锚点，形成一条直线路径，如图5-22所示；在其他区域单击可以继续绘制直线路径，如图5-23所示。

　　绘制曲线。使用钢笔工具 ✎，在画布上单击，建立第一个锚点，然后在另一处单击，在画布上建立第二个锚点，同时按住鼠标左键不放拖动出延长方向线；按住"Ctrl"键拖动方向线的"A"或"B"端点，此时鼠标指针变成实心箭头形状，拖动端点调整路径的弧度，如图5-24所示。

图5-22

图5-23

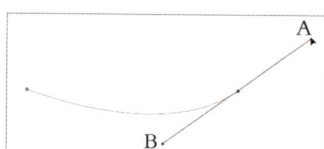
图5-24

　　按住"Alt"键并单击"C"端点，则上方延长线消失，如图5-25所示。在一段距离处单击画布建立端点可继续绘制直线或曲线，如图5-26所示。

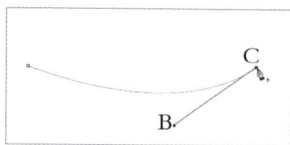
图5-25

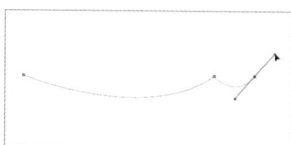
图5-26

钢笔工具是网店美工常用的一种抠图工具，在抠图时可先使用钢笔工具在图像边缘绘制路径，再将路径转化为选区。下面使用钢笔工具抠取图中美食，具体操作步骤如下。

步骤 01 打开素材文件"冷饮"，单击钢笔工具 ，在工具选项栏中设置绘图模式为"路径"，勾选"自动添加/删除"选项，如

图 5-27 所示。

图5-27

步骤 02 在杯子左侧单击,绘制第1个锚点(**1**)，在杯子右侧单击，添加第 2 个锚点（ **2** ），得到一条线段，如图 5-28 所示。在杯子中间单击，添加一个锚点（ **3** ），按住"Ctrl"键，同时按住鼠标左键向上拖动，此时路径变为弧形，拖动两侧延长方向线，使路径与杯子边缘贴合，如图 5-29 所示。

击并拖动，绘制曲线段，拖动右侧延长方向线调整曲线弧度（ **5**),如图 5-31 所示。按住"Alt"键，单击右侧延长线端点使其消失。在盘子左上方边沿单击并拖动，绘制曲线段，拖动右侧延长方向线调整曲线弧度（ **6** ），如图 5-32 所示。

步骤 04 按住"Alt"键，单击右侧延长线端点使其消失，在盘子右下方边沿单击添加锚点（ **7** ），绘制线段，如图 5-33 所示。在接近起点的位置单击添加锚点（ **8** ），绘制线段，如图 5-34 所示。

图5-28

图5-29

步骤 03 按住鼠标左键在勺子左侧单击并拖动，绘制曲线段，拖动右侧延长方向线调整曲线弧度（ **4**),如图 5-30 所示。按住"Alt"键，单击右侧延长线端点使其消失。在勺子右侧单

图5-30

图5-31

图5-32

图5-33

图5-34

将选区中的内容复制到一个新图层中，即可完成抠图操作。

图5-35

图5-36

图5-37

步骤 05 在第 7 个和第 8 个锚点之间单击，添加锚点（9），按住"Ctrl"键，同时按住鼠标左键向下拖动，此时路径变为弧形，先拖动右侧延长线使其与盘子下沿贴合，如图5-35所示。在第8个和第9个锚点之间单击，添加锚点（10），按住"Ctrl"键，同时按住鼠标左键向左拖动，调整两侧延长线使其弧度与盘子贴合，如图 5-36 所示。在路径的起点上单击，将路径封闭，如图5-37 所示。

步骤 06 按"Ctrl+Enter"组合键，将路径转为选区，如图 5-38 所示。按"Ctrl+J"组合键，

图5-38

5.5.4 半透明物体抠图

微课视频

对于人像、有毛发的动物、薄纱或水等一些比较特殊的对象，我们可以尝试使用通道进行抠图。通道抠图是一种比较专业的抠图方法，能够帮助我们抠出使用其他抠图方法无法抠出的对象。下面以一张化妆品模特水中摄影图为例，将水花与人物从背景中分离出来，用于化妆品海报设计，来介绍使用通道抠图的方法，具体操作步骤如下。

步骤 01 打开素材文件"化妆品模特"，如图 5-39 所示。打开"通道"面板，分别单击"红""绿""蓝"通道，如图 5-40 所示，观察窗口中的图像，找到主体与背景反差最大的颜色通道，可以看到"蓝"通道中人物与背景的明暗对比最清晰。

"红"通道

"绿"通道

图5-39

"蓝"通道

图5-40

步骤 02 选中"蓝"通道并拖动到"创建新通道"按钮 ⊡ 上复制（不要在原通道上操作，否则会改变图像的整体颜色），得到"蓝 拷贝"通道，如图 5-41 所示。按"Ctrl+L"组合键打开"色阶"对话框，在"输入色阶"选项组中，向右拖动黑色滑块至 45，调暗阴影区域，向右拖动"灰色"滑块至 0.10，调暗中间调区域，将人物和水花压暗，参数设置如图 5-42 所示，效果如图 5-43 所示。

步骤 03 使用画笔工具 ✎，将"前景色"设置为黑色，在人物处涂抹，然后降低画笔工具的"不透明度"，在水花处涂抹，使水花呈现半透明状态，效果如图 5-44 所示。

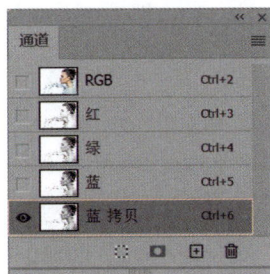

图5-41

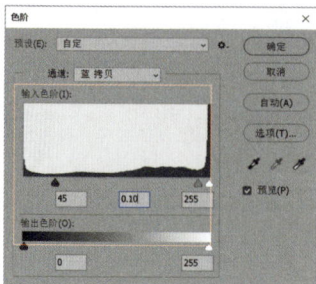

图5-42

图5-43

图5-44

步骤 04 单击"通道"面板下方的"将通道作为选区载入"按钮 ▓ ，如图5-45所示。将"蓝拷贝"通道创建为选区，如图5-46所示。按"Ctrl+Shift+I"组合键反选选区，选中人物和水花，如图5-47所示。

图5-45

图5-46

图5-47

步骤 05 单击"RGB"复合通道，返回"图层"面板，如图5-48所示。使用移动工具 ⊕ 将选区拖动到化妆品海报中，效果如图5-49所示。

图5-48

图5-49

素养课堂

网店美工在使用素材时要有版权意识，从网络上下载的商品实拍图、摄影图、原创手绘图等，一般都不能直接使用，尤其是有人物形象或水印的素材图片，如需使用，则需要联系版权方获取授权。网店美工要有版权保护意识，了解使用网络图片导致侵权的具体后果，遵纪守法。

项目实践：拉杆箱主图设计

主图主要展示两大内容，第一是商品的主要图片、形象，第二是商品的细节、功能特点、颜色等信息。好的主图一定要把商品的卖点凸显出来，一定要贴合商品。一张精美且展示了卖点的主图，能够提高点击率，从而达到引流的目的。下面以一款拉杆箱的主图设计为例进行讲解，设计效果如图5-50所示。

第一张主图

第二张主图

第三张主图

第四张主图

第五张主图

图5-50

设计思路：

本例中的主图一共5张，每一张主图的设计要求和作用都不一样。根据本例中商品的特点，我们可以从下面几个方面进行设计。

① 第一张主图是第一时间展示在消费者眼前的图片，并且会出现在商品搜索结果页中，这张主图要做到吸引消费者单击。第一张主图为拉杆箱的整体图片，也就是说让消费者第一

眼就非常直观地看到商品的外观，看这个商品是否是他需要的。另外，第一张主图还要展示拉杆箱最有利的核心竞争点、卖点，以便瞬间抓住消费者的视线。

② 第二张主图展示拉杆箱的内部结构。拉杆箱的内部结构直接决定了物品是否能合理存放和方便拿取，好的内部结构会提升消费者的旅行体验。

③ 第三张主图展示拉杆箱的提手、拉杆、滚轮、升级后的拉链。

④ 第四张主图展示密码锁。密码锁用来防盗，安全性是消费者购买拉杆箱的重要指标。

⑤ 第五张主图展示拉杆箱的几种颜色，方便消费者选出自己心仪的颜色。

知识要点：

完成本例的操作，网店美工需要掌握以下知识。

① 添加素材并调整素材的位置与大小。

② 利用横排文字工具，设置文本格式，输入文本。

③ 使用矩形工具、钢笔工具绘制形状。

④ 为文字和形状添加图层样式，突出文字，丰富画面效果。

⑤ 创建剪切蒙版将图片嵌套到形状图层中。

操作步骤：

下面制作拉杆箱的主图，具体操作步骤如下。

1. 制作第一张主图

第一张主图为左右构图，左侧为文案，用于展示商品卖点，右侧为商品图片。在设计时，背景要简洁、以凸显商品，并且要紧紧围绕商品来设计场景元素，具体操作步骤如下。

微课视频

步骤 01 新建文件。新建大小为 800 像素 ×800 像素、"分辨率"为 72 像素 / 英寸、"颜色模式"为"RGB 颜色"、名为"主图 1"的文件。

步骤 02 添加商品图片和 Logo。将素材文件"Logo"添加到文件中，将素材文件"紫罗兰"添加到文件中，调整其大小和位置，效果如图 5-51 所示。

图5-51

步骤 03 添加商品主题文案和卖点。使用横排文字工具 T., 输入"带你去旅行"，在"字符"面板中，设置字体为"方正尚酷简体"，字号为"92 点"，单击"仿斜体"按钮 T，使文字倾斜，具体设置和效果如图 5-52 所示。

图5-52

步骤 04 双击"带你去旅行"图层，在打开的"图层样式"对话框的左侧列表中，勾选"渐

变叠加"复选框,为文字添加"渐变叠加"效果,勾选"描边"复选框,为文字添加"描边"效果,

勾选"投影"复选框,为文字添加"投影"效果,具体设置如图 5-53 所示,效果如图 5-54 所示。

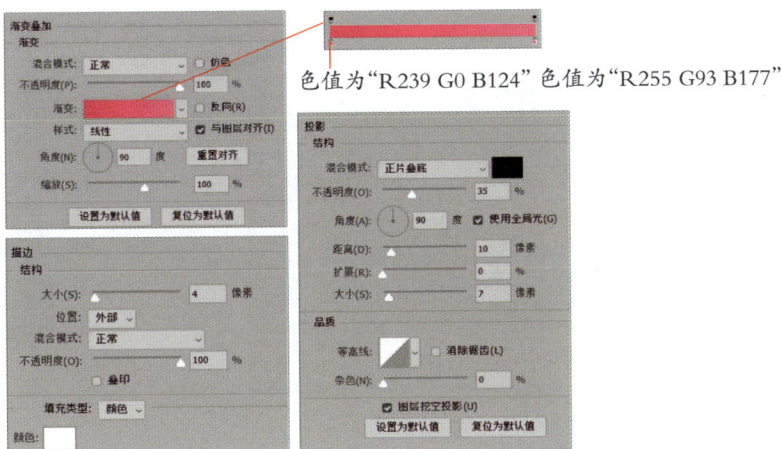

色值为"R239 G0 B124" 色值为"R255 G93 B177"

图5-53

图5-54

步骤 05 使用横排文字工具 T,输入"工厂直发 赠运费险",在"字符"面板中,设置字体为"思源黑体 CN",字号为"46 点",颜色为深灰色(色值为"R40 G40 B40"),单击"仿斜体" T 按钮,使文字倾斜,将图层的不透明度设置为 65%,具体设置和效果如图 5-55 所示。

步骤 06 将素材文件"对号"添加到文件中,复制该图标并移动其位置,使两个图标间隔一段距离,以便输入文字。选择横排文字工具 T,分别输入"静音万向轮""小'身材'大容量",设置字体为"思源黑体 CN",字号为"36 点",文字间距为"-50",颜色为墨蓝色(色值为"R8 G25 B56"),具体设置和效果如图 5-56 所示。

图5-55

图5-56

步骤 07 设计背景。背景不能太过复杂,否则会让人感觉很乱。本例的主题为"带你去旅行",因此,将背景设置为天蓝色,给人一种清新、干净的感觉,既符合主题又能突出

商品，让人一目了然。选择矩形工具，设置"填充"为渐变蓝色，在"背景"图层的上方绘制一个矩形，双击该图层，在打开的"图层样式"对话框的左侧列表中,勾选"内阴影"复选框，为矩形添加浅粉色内阴影效果，用于烘托商品，具体设置和效果如图 5-57 所示。

色值为"R254 G201 B231"

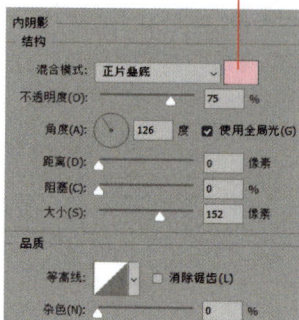

色值为"R215 G215 B251" 色值为"R201 G228 B254"

图5-57

步骤 08 选择矩形工具，设置"填充"为渐变粉色，在画面下方绘制一个矩形，双击该图层，在打开的"图层样式"对话框的左侧列表中，勾选"内阴影"复选框，为矩形添加浅紫色内阴影效果，具体设置和效果如图 5-58 所示。

色值为"R181 G147 B234"

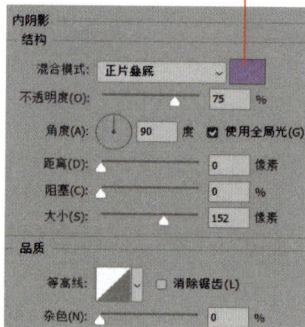

色值为"R248 G180 B225" 色值为"R255 G223 B255"

图5-58

步骤 09 将素材文件"云朵""笑脸""热气球"添加到画面中，以丰富画面。制作完成后保存文件，效果如图 5-59 所示。

图5-59

2.　制作第二张至第四张主图

对于拉杆箱，消费者一般更在乎它的材质、结实程度和使用体验。因此在设计拉杆箱的主图时，应让第二张至第四张主图主要展示拉杆箱的内部结构、提手、拉杆、滚轮、拉链、密码锁等细节，具体操作步骤如下。

微课视频

步骤 01 新建文件。制作第二张主图。新建大小为 800 像素 ×800 像素、"分辨率"为 72 像素/英寸、"颜色模式"为"RGB 颜色"、名为"主图 2"的文件。

步骤 02 设计标题。使用横排文字工具 **T.**，输入"精心实用内在"，在"字符"面板中，设置字体为"方正兰亭黑简体"，字号为"30 点"，文字间距为"50"，颜色为墨蓝色（色值为"R8 G25 B56"）；在文字的下方输入一段描述拉杆箱内部结构的文案，在"字符"面板中，设置字体为"方正兰亭黑简体"，字号为"13.5 点"，文字间距为"0"，效果如图 5-60 所示。

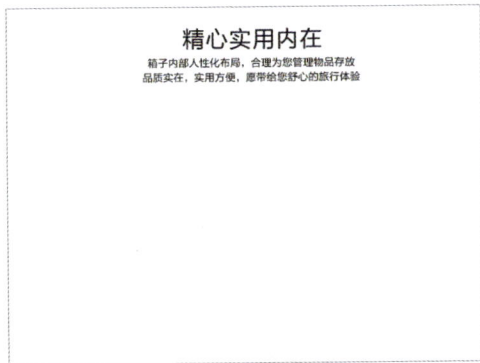

图5-60

步骤 03 选择矩形工具 **□.**，在工具选项栏中，设置绘图模式为"形状"，"填充"为无，"描边"为墨蓝色（色值为"R8 G25 B56"），描边宽度为"2 像素"，在下方文字的外侧绘制一个矩形框，如图 5-61 所示。单击"图层"面板中的"添加图层蒙版" **□** 按钮，使用矩形选框工具，将重叠的文字创建为选区，选中图层蒙版并填充

黑色，将该部分边框隐藏，效果如图 5-62 所示。

图5-61

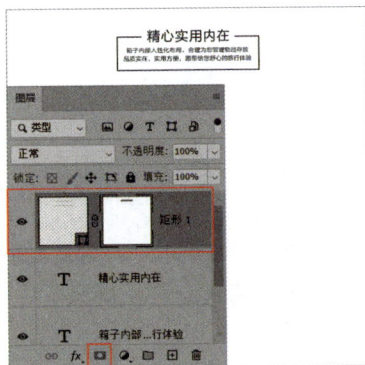

图5-62

步骤 04 对拉杆箱的内部细节进行标注。将素材文件"箱子内部"添加到画面中。对固定带进行标注，选择椭圆工具 **○.**，在工具选项栏中，设置绘图模式为"形状"，"填充"为蓝色（色值为"R10 G125 B253"），"描边"为无，按住"Shift"键，拖动鼠标指针在左侧固定带上绘制一个圆点；选择钢笔工具，设置"填充"为无，

"描边"为蓝色（色值为"R10 G125 B253"），描边宽度为"2 像素"，描边类型为虚线，在圆点上方绘制一条虚线，如图 5-63 所示。使用横排文字工具 **T.**，输入"衣物固定带"，设置字体为"方正兰亭黑简体"，字号为"20 点"，文字间距为"50"，颜色为墨蓝色（色值为"R8 G25 B56"），效果如图 5-64 所示。

心实用内在"替换为"普通版升级版对比"，将下方描述性文字替换为"普通版与升级版对比，在轮子和提手做了升级优化 更加人性化，美观实用"，然后使用"变换"命令将矩形边框调整至合适的大小，效果如图 5-66 所示。

图5-63

图5-65

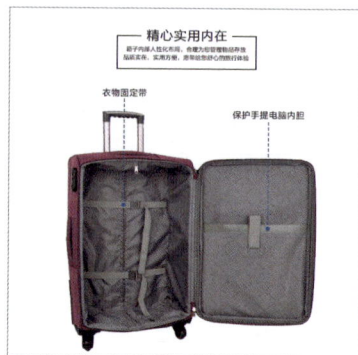

图5-66

图5-64

步骤 05 对收纳袋进行标注，选中标注固定带的所有图层内容，按住"Alt"键复制到右侧收纳袋上，将文字替换为"保护手提电脑内胆"。制作完成后保存文件，效果如图 5-65 所示。

步骤 06 制作第 3 张主图。选择菜单栏中的"文件"＞"存储为"命令，将"主图 2"文件另存为"主图 3"文件，然后删掉画面中的元素，只保留标题。使用横排文字工具 **T.**，将文字"精

步骤 07 选择矩形工具 **□.**，在工具选项栏中设置绘图模式为"形状"，"填充"为白色，"描边"为浅灰色（色值为"R170 G170 B170"），描边宽度为"1 像素"，绘制一个矩形，按 3 次"Ctrl+J"组合键复制出 3 个矩形，调整矩形到合适的位置，效果如图 5-67 所示。

步骤 08 将素材文件"提手"添加到文件中，移动到"矩形 2"图层的上方，按"Ctrl+Alt+G"组合键，以剪贴蒙版的方式置入"矩形 2"中，效果如图 5-68 所示。按相同方法依次将素材

文件夹中的"拉杆""滚轮""拉链"添加到文件中,并分别置入其他的矩形中,效果如图 5-69 所示。

图5-67

图5-68

步骤 09 使用横排文字工具 T.,在提手图片的下方输入"舒适提手",在"字符"面板中,设置字体为"方正兰亭黑简体",字号为"23点",文字间距为"50",颜色为墨蓝色(色值为"R8 G25 B56");再输入"人性耐提",将字号设置为"17点",如图 5-70 所示。选中这两行文字,选择移动工具并按"Alt"键将其复制到其他图片下方,然后使用横排文字工具 T.,将文字替换成与图片相对应的内容。制作完成后保存文件,效果如图 5-71 所示。

图5-69

图5-70

图5-71

步骤 10 制作第四张主图。选择菜单栏中的"文件">"存储为"命令,将"主图 3"文件另存为"主图 4"文件,然后删掉画面中的元素,只保留标题。使用横排文字工具 **T.**，将文字"普通版升级版对比"替换为"双嵌入式三位密码锁"，将下方描述性文字替换为"精致三位密码锁设计，精密、品质、美观、结实耐用、安全防盗，精心保护您的物品"，然后使用"变换"命令将矩形边框调整至合适的大小，效果如图 5-72 所示。

图5-72

步骤 11 将素材文件"拉杆箱侧面"添加到文件中，效果如图 5-73 所示。制作密码锁局部放大图，选择椭圆工具 **○.**，在工具选项栏中设置绘图模式为"形状"，"填充"为白色，"描边"为无，按住"Shift"键，拖动鼠标指针在左侧固定带上绘制一个圆形名为"椭圆 1"；将素材文件"密码锁"添加到文件中，移动到"椭圆 1"图层的上方，按"Ctrl+Alt+G"组合键，将图片以剪贴蒙版的方式置入圆形中，效果如图 5-74 所示。

步骤 12 将拉杆箱的密码锁与其放大显示图链接。打开"主图 2"文件，使用移动工具 **+.**，选中圆点和虚线图层，将其拖动到"主图 4"中，选择菜单栏"编辑">"变换">"顺时针旋转 90 度"命令，将其移动到合适的位置。制作完成后保存文件，效果如图 5-75 所示。

图5-73

图5-74

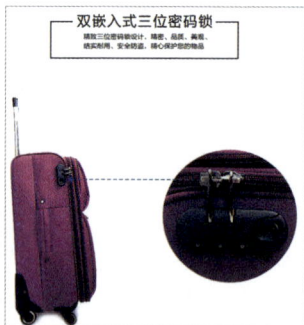

图5-75

3. 制作第五张主图

第五张主图展示拉杆箱的几种颜色，使消费者可以快速地选择自己心仪的颜色。网店美工设计时应使画面尽可能简洁，以突出商品，具体操作步骤如下。

微课视频

步骤 01 新建文件。新建大小为 800 像素 ×800 像素、"分辨率"为 72 像素 / 英寸、"颜色模式"为"RGB 颜色"、名为"主图 5"的文件。

步骤 02 设计标题。选择矩形工具 ，在工具选项栏中，设置绘图模式为"形状"，"填充"为墨蓝色（色值为"R8 G25 B56"），"描边"为无，在画面的上方绘制一个矩形，使用直接选择工具 选中矩形左下角的锚点，按"→"键向右平移。然后在该形状的下方绘制一条横线，效果如图 5-76 所示。

步骤 03 使用横排文字工具 ，输入"产品颜色"，在"字符"面板中，设置字体为"方正兰亭黑简体"，字号为"36 点"，文字间距为"120"，颜色为白色，效果如图 5-77 所示。

图5-76

图5-77

步骤 04 将素材文件"紫罗兰""咖啡色""经典黑"依次添加到文件中，调整至合适的大小和位置，效果如图 5-78 所示。

步骤 05 标注拉杆箱的颜色。使用横排文字工具 ，输入"紫罗兰"，在"字符"面板中，设置字体为"方正兰亭黑简体"，字号为"20 点"，文字间距为"50"，颜色为墨蓝色（色

值为"R8 G25 B56"）。选择矩形工具 ，在工具选项栏中，设置绘图模式为"形状"，"填充"为无，"描边"为墨蓝色（色值为"R8 G25 B56"），描边宽度为"1 像素"，在文字的外侧绘制一个矩形，效果如图 5-79 所示。

图5-78

步骤 06 选中文字和矩形，选择移动工具并按"Alt"键将文字和矩形复制到另外两张图片的下方，然后使用横排文字工具 ，将文字替换成与图片相对应的内容。制作完成后保存文件，效果如图 5-80 所示。

图5-79

图5-80

项目拓展：批处理商品图片

网店中商品种类较多，为商品拍摄照片后，需要处理的图片就会比较多，如何快速进行图片处理呢？在Photoshop中，处理要求相同的图片，可以进行批处理——这个功能可以大大提高工作效率。下面以将一组图片统一调整为淘宝主图尺寸800像素×800像素为例，讲解批处理商品图片的方法，具体操作方法如下。

微课视频

步骤 01 录制动作。将需要修改的图片放在同一个文件夹中，打开"毛衣1"，如图5-81所示。选择菜单栏"窗口">"动作"命令，打开"动作"面板，依次单击面板底部的"创建新组"按钮 和"创建新动作"按钮 ，创建一个名为"批处理"的动作组和一个名为"修改毛衣尺寸"的动作，此时"动作"面板下方的"开始记录"按钮处于被激活状态 ，表示开始录制动作，如图5-82所示。

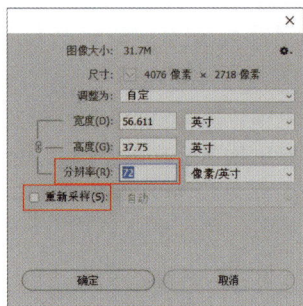

图5-83

 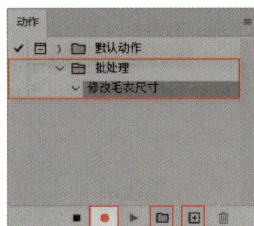

图5-81　　　　图5-82

步骤 02 选择菜单栏中的"图像">"图像大小"命令，打开"图像大小"对话框。网店图片的分辨率通常为"72像素/英寸"，因此，网店美工要先调整图片的分辨率。单击取消选中"重新采样"，将分辨率调整为"72像素/英寸"，如图5-83所示。再调整尺寸，单击选中"重新采样"，保证"约束长宽比"按钮 处于启用状态，将"宽度"调整为"800像素"，此时高度会等比例缩小，单击"确定"按钮，如图5-84所示。

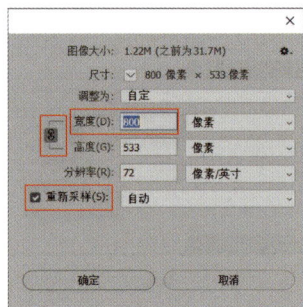

图5-84

小提示

Photoshop默认"重新采样"为选中状态，修改"宽度""高度""分辨率"中的任何一项，都会改变图像的像素总数和图像文件的大小。当取消选中"重新采样"时，修改"宽度""高度""分辨率"的值，不会改变图像的像素总数和图像文件的大小，只是改变了"宽度""高度""分辨率"之间的对应关系。

步骤 03 选择菜单栏中的"图像">"画布大小"命令，在"画布大小"对话框中将"高度"设置为"800 像素"，将"画布扩展颜色"设置为"白色"，然后单击"确定"按钮，如图 5-85 所示。

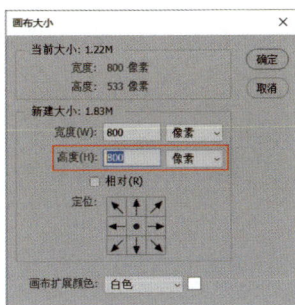

图5-85

步骤 04 选择菜单栏中的"文件">"存储为"命令，保存处理后的图片。按"Ctrl+W"组合键关闭文件，单击"动作"面板下方的"停止播放／录制"按钮 ■，如图 5-86 所示，完成动作的录制。

步骤 05 批处理图片。选择菜单栏中的"文件">"自动">"批处理"命令，打开"批处理"对话框。在"播放"选项中选择动作，在"组"中选择"批处理"，在"动作"中选择"修改毛衣尺寸"；在"源"中选择"文件夹"，然后单击"选择"按钮，打开"选取批处理文件夹"对话框，选择需要批处理的文件夹，然后单击"选择文件夹"按钮，如图 5-87 所示。

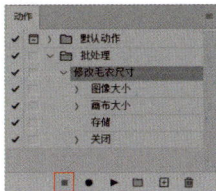

图5-86

步骤 06 返回"批处理"对话框，单击"确定"按钮，此时，软件会自动修改所选文件夹中的所有商品图片的尺寸。批处理完成后，打开所选文件夹即可查看效果，如图 5-88 所示。

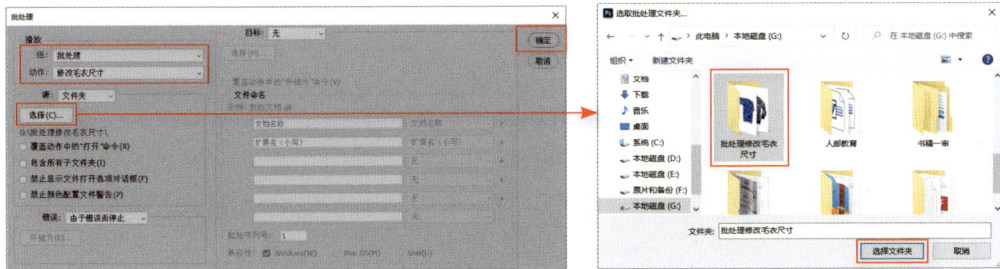

图5-87

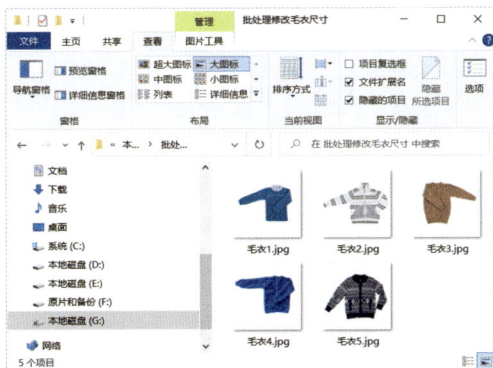

图5-88

🎓 小提示

日常工作中，网店美工通常需要大批量处理文件，如统一调色、统一尺寸、统一格式或统一添加水印等。为了避免破坏原始文件，在进行批处理前，网店美工可以将需要批处理的文件复制一份或将处理后的文件另存在一个新的位置。

思考与练习

设计主图是网店美工工作的重点。在实际工作中，网店美工需要思考以下问题。

① 为主图添加哪些内容才能吸引消费者浏览？

② 设计出什么样的视觉效果才能使主图符合商品本身并打动消费者？

一、选择题

1.就淘宝而言，主图的尺寸通常为（ 　　 ）。

A.1920像素×150像素 　　　　　　　　 B.950像素×150像素

C.800像素×800像素 　　　　　　　　　 D.520像素×280像素

2.主图的大小要控制在（ 　　 ）以内。

A.500 KB 　　　　 B.3 MB 　　　　 C.1000 KB 　　　　 D.200 KB

3.用钢笔工具绘制的线叫作（ 　　 ）。

A.直线 　　　　 B.曲线 　　　　 C.选区 　　　　 D.路径

二、填空题

1.展现商品的主图最多可以有（ 　　 ）张，最少要有（ 　　 ）张。

2.在使用魔棒工具时，通过调整（ 　　 ）来控制所选的颜色范围。

3.在Photoshop中，对于处理要求相同的图片，使用（ 　　 ）功能可以大大提高工作效率。

三、简答题

1.简述什么是主图。

2.简述什么是抠图及常用的抠图工具有哪些。

四、操作题

1.抠图是网店美工使用得最多的技巧之一，因此网店美工很有必要学习并熟练掌握各类不同的抠图方法。素材文件夹（习题素材与答案\项目5\抠图）中提供了多种素材，通过这些素材进行抠图练习。

2.利用素材（习题素材与答案\项目5\吹风机）制作吹风机的主图。制作时要突出商品，并输入商品卖点、促销价格等重要信息，完善细节，完成制作后的效果如图5-89所示。

图5-89

项目 **6**

网店详情页视觉设计

　　网上购物时，消费者找到自己心仪的商品之后，会进入详情页，阅读详情页的内容，以便了解商品是否符合自己的购买标准。因此，详情页在网店视觉设计中非常重要，做好详情页的设计有助于提高商品的成交量。本项目将对详情页的基础知识和设计要点进行介绍，并通过制作常见的详情页板块，帮助大家更好地掌握详情页的相关设计。

⊙项目描述

　　详情页是用来给消费者详细介绍商品的页面，也是促成交易的重要视觉设计作品。在网络购物中，消费者不能接触到商品实物，只能通过详情页的描述来了解商品。通过详情页，消费者可以了解商品的外观、细节、尺寸、材质、功能、使用方法等信息，同时还可以了解到商品的优点、价值、资质、品牌、售后服务等信息，从中判断出商品的定位和品质，从而决定是否购买此商品。

【课前预习】

预习课程	网店详情页视觉设计
预习内容	1. 在网络中搜索并浏览网店详情页视觉设计的相关资料。 2. 阅读本项目内容，熟悉本项目的知识结构。 3. 阅读下面的案例并回答问题。 <div align="center">商家对外发布的商品信息与实物明显不符</div>2022 年 6 月 18 日，王某在某家居有限公司的网店购买了一套价格为 6999 元的真皮沙发。购买前，他注意到详情页的商品参数写明皮革材质为真皮，真皮类型为接触性真皮。但王某收到商品后发现并非整套沙发的皮革材质都为真皮，于是向客服反馈，客服回复：沙发的靠背是真皮，其他地方是仿皮。经查明，该沙发的皮质并非全部为真皮，材质与宣传严重不符。 思考：（1）你认为该商家的做法属于什么行为？ （2）案例中详情页的叙述存在什么问题？
学习目标	1. 了解详情页的主要组成部分 2. 了解详情页设计的前期准备 3. 了解详情页的设计要点 4. 了解详情页的设计规范
技能目标	1. 掌握详情页的设计方法 2. 掌握图片切片、优化并保存的方法
素养目标	诚以养德，信以立身
预习时间	20 分钟

6.1 详情页的主要组成部分

　　详情页就像是一个无声的推销员，它凭借着图片、文字去打动消费者，其质量在很大程度上能影响商品的销量。网店美工想要设计出高质量的详情页，首先需要知道详情页包括哪些板块，这样就可以针对每一个板块去设计内容。下面以一款智能电动榨汁机的详情页为例，展示详情页的主要组成部分，如图6-1所示。

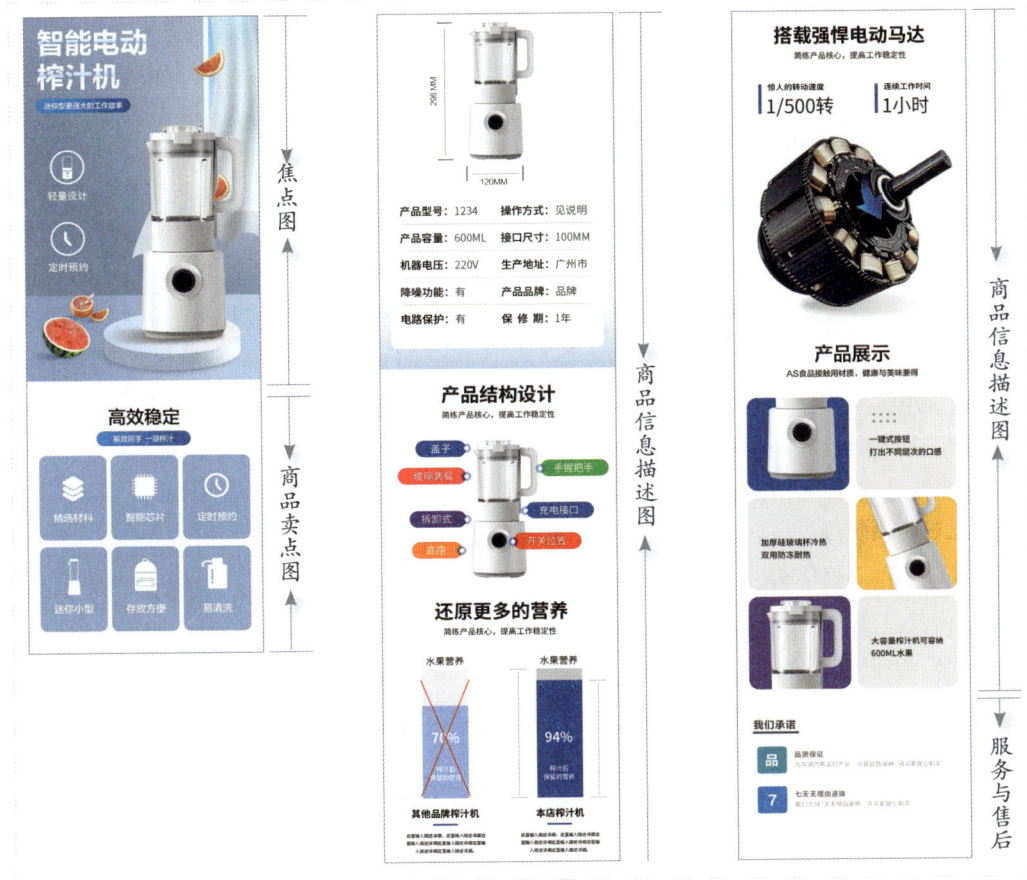

图6-1

6.1.1 焦点图

　　焦点图是为推广商品而设计的营销海报，位于详情页的最上方。网店美工通常选择商品图片中最能够吸引人眼球的一张图作为焦点图，配上能突出商品卖点、促销信息等的文案，进行一个直观的创意展示，以吸引消费者的注意力，因为只有消费者对商品有需求和兴趣，他们才会对详情页进行深度浏览。除此之外，焦点图还可以呈现商品的销量优势、商品的功能特点等，以激发消费者的潜在需求。

↘ 6.1.2　商品卖点图

商品卖点图是基于消费者的需求点展开的，从商品的使用价值、外观、质量、规格、功能、服务、承诺、荣誉等诸多信息中提炼，根据消费者在意的问题、同类商品的优缺点，挖掘出商品与众不同的卖点，来增强商品的竞争力，吸引消费者的注意。

商品卖点图的表现方式可以是对商品卖点的高度提炼，它的特点是文字不多。网店美工设计商品卖点图可以使用图形来布局，也可以将文字显示在图形上，达到既修饰文字又突出文字的目的，通过对图形进行创意，形成新颖的视觉结构，突出卖点。文字一定不要破坏图片整体的结构，图片的颜色也不要太多，这样整体看上去才会协调。例如，图6-1所示的榨汁机卖点图，提炼六大卖点，巧用设计手法突出卖点。网店美工也可以在商品卖点图中对卖点进行详细说明，如对商品的原料优势、产地优势、品牌理念等进行说明，来增强商品的说服力。例如，图6-2所示商品卖点图以快速充电线的材质为卖点进行详细说明，图6-3所示商品卖点图以四件套的面料为卖点进行说明。

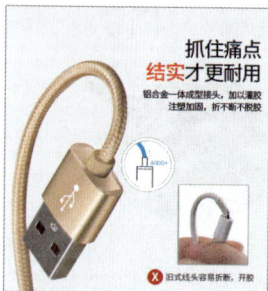

图6-2

图6-3

↘ 6.1.3　商品信息描述图

商品信息描述图是详情页设计的核心要素，通过它，消费者几乎可以了解到商品本身的全部信息，如商品的规格参数、功效、工艺、品牌、品质、使用场景等。其内容多，在详情页中所占篇幅最长，通过展示各类商品信息，商品信息描述图向消费者传递商品的价值性。除此之外，商品信息描述图还可以展示商品的促销活动与优惠政策，以及商品的各类关联推荐等营销要素，常见的营销要素包括促销信息、促销标签、优惠信息、返利、奖励、赠品等。下面详细介绍商品信息描述图的两大特点。

细节放大展示。对于商品的细节，一般使用细节图片+文字穿插的方式来全方面地进行介绍，如商品的材质、图案、做工、功能等，通常用1~2屏进行展示。设计这个板块，网店美工可以采用整体加局部或重复的手法。整体加局部的手法，是指用一张整体大图搭配多张放大细节的小图，浓缩卖点，这样既能展现整体又可以呈现细节，如图6-4所示的沙发细节展示。整体加重复的手法是指依次图文并茂地呈现商品细节，使画面内容清晰，既有秩序美，又能起到强调作用，突出重点，如图6-5所示的细节展示。

尺寸标注。网店美工在制作详情页时，需要为一些商品标注尺寸，以便消费者清楚地知道自己准备入手的商品的尺寸、体积等情况。例如，买家具、家电时需要看商品的占地面积，由于网上购物消费者无法感受到商品的实际大小，网店美工就需要在制作详情页时予以体现。标注商品的尺寸，通常选择一张整体大图，方便展示商品的全貌。例如，图6-6对沙发的各个部分进行了详细的尺寸标注，消费者通过尺寸标注不仅可以判断沙发在家里摆放是否合适，还可以推测坐上去是否舒适。图6-7对风扇的尺寸进行了标注，并以随身实物进行尺寸对比，使消费者可以直观地感受到风扇的大小。

图6-4

图6-5

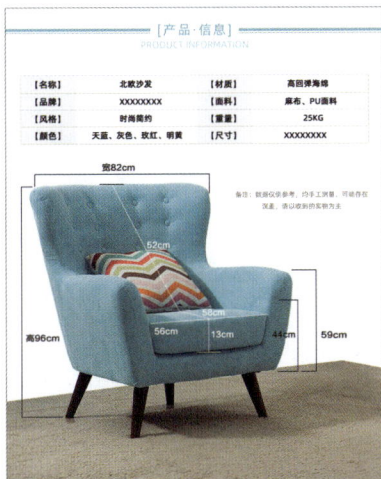

图6-6

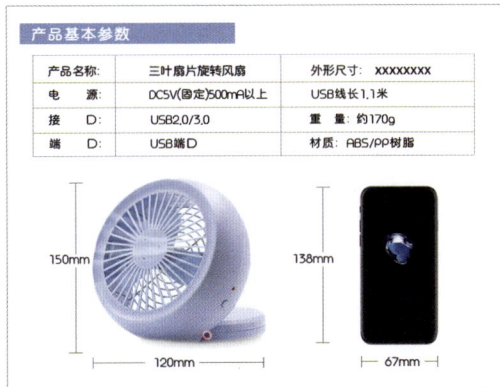

图6-7

6.1.4　服务与售后图

在网络购物中，商品与服务是不可分割的。服务与售后是指对消费者所困惑的或容易产生疑虑的内容提供解答，提供品质承诺、荣誉证书、资质证书等，如珠宝首饰、数码电子商

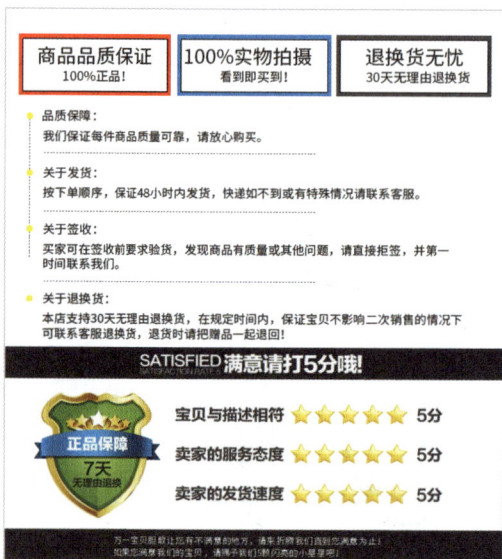

图6-8

品的详情页都会提供商品的品质证明文件和防伪查询方式，从商家的角度证明商品的品质，让消费者打消对商品质量的疑虑。在售后方面，网店美工可通过包装、运输、服务承诺（如7天无理由退货，赠送运费险）等，树立品牌形象，赢得消费者的信任，从而促成交易。例如，图6-8所示为在售后服务中写明退换货的保障来打消消费者的顾虑。

除以上板块外，详情页还会展示促销活动信息、消费者反馈信息等。

详情页所包含的内容多、信息量大，但在详情页的实际制作中不需要展示所有的内容。网店美工可以根据商品的具体情况、商家的要求和目标消费者的情况进行分析，在详情页展示相应的内容。

6.2 详情页设计的前期准备

详情页的设计过程就像一个完整的销售过程。网店美工在设计详情页之前，需要深入了解商品，进行市场调查，分析调查结果，确定设计思路，以制作出能激发消费者的购买欲望，赢得消费者对商家的信任，打消消费者的顾虑，促使消费者下单的优质详情页。下面介绍几个步骤，帮助网店美工更好地完成详情页设计的前期准备。

6.2.1 深入了解商品

详情页的设计离不开商品本身，所以网店美工一定要对商品有深入的了解。网店美工只有自己真正了解商品的用途，才会知道如何激发消费者的购买欲望。要设计出优秀的详情页，网店美工不仅需要了解商品的价值点，更需要站在消费者的角度去思考。

6.2.2 进行市场调查

进行市场调查可以有效掌握商品行情，正所谓"知己知彼，百战不殆"。网店美工设计详情页之前一定要充分进行市场调查，如同行业调查、市场趋势调查、消费者调查等，要最大限度地掌握目标消费者的消费能力、喜好以及消费者购买商品时所在意的问题等，做好上述调查，对网店美工合理设计详情页有重要作用。

6.2.3 分析调查结果，确定设计思路

根据市场调查结果及自己对商品的系统了解进行归纳总结，网店美工可以罗列出消费者所在意的问题、同类商品的优缺点，以及自身商品的定位，挖掘自身商品与众不同的卖点，

以确定商品的消费群体。根据分析结果、商品卖点，以及商品的定位，网店美工可以确定详情页所要展示的内容，准备设计所用的素材并确立详情页的色彩、字体、布局等。

设计经验

如何了解消费者在意的问题？在进行详情页设计时，网店美工可以从同类商品的消费者评价里挖掘出有价值的信息，了解消费者的需求及消费者购买商品后遇到的问题等。

6.3 详情页的设计要点

详情页应在美观实用的基础上，将要表达的信息尽可能直观地展现出来。网店美工在设计详情页时需要把握以下几点。

6.3.1 引发消费者的兴趣

网店美工可以通过商品的销量优势、商品的功能特点、商品的促销信息等引发消费者的兴趣。同时，美观的版面、有创意的设计，也可以为商品增色，吸引消费者关注。设计时，网店美工要谨记"三秒钟原则"。

6.3.2 激发消费者的潜在需求

网店美工可以从商品的细节、商品的卖点、同类商品对比、消费者情感、消费者拥有商品后的感受等方面入手，激发消费者的潜在需求、增强其购买欲望。图6-9所示的商品描述图，通过文案突出袜子柔软耐穿的特性，来激发消费者的潜在需求。

图6-9

6.3.3 赢得消费者的信任

网店美工可以从第三方评价、品牌附加值、品质证明、售后服务等方面入手，消除一切使消费者分心或者暂缓其购买的内容。网店美工可以多角度展示商品，注重对品牌与品质的塑造，要避免过度美化图片造成偏色、变形问题，或过度夸大商品的性能造成言过其实，而产生不必要的售后纠纷，降低网店的信誉。

6.3.4 促使消费者下单

网店美工可以通过文字营造急迫感，如明确优惠时间限制、提示库存有限、活动后恢复原价等，促使犹豫不决的消费者快速下单。

6.4 详情页的设计规范

美观的详情页能够吸引消费者的关注，提高商品和网店的展现量，进而使网店取得更好的销售成果。因此，网店美工需要对其进行精心的设计。为了使制作的详情页规范完整，网店美工需要注意以下几点。

6.4.1 尺寸

详情页的常规宽度为750像素或790像素（以平台的实际要求为准），高度未限制，网店美工可以根据实际情况而定，不建议详情页太长，否则容易导致消费者打开页面时卡顿。

设计经验

如何快速查看平台上详情页的尺寸和格式？单击商品进入该商品的详情页，单击鼠标右键，在弹出的下拉列表中，选中"属性"即可查看详情页的尺寸和格式。

6.4.2 图片大小与格式

图片大小不能超过3MB，支持JPG、PNG、GIF格式。网店美工在设计详情页时，需要根据具体情况选择相应的图片格式。

6.4.3 版面布局

常见的详情页排版方式为：按照焦点图、商品卖点图、规格参数信息、商品优劣对比、全方位展示/细节图片展示、商品或网店资格证书、售后保障/物流顺序的布局。网店美工也可以根据商品的具体情况，基于对商品描述的认知规律去合理规划相应顺序，使消费者能够清晰地了解到商品的全部信息。网店美工在进行详情页布局前，可以使用思维导图反复斟酌，把顺序先确定下来，这样后面的设计才能够达到事半功倍的效果。

6.4.4 设计风格

很多网店美工在最初设计详情页的时候，会遇到很多问题。因为详情页比主图、海报都要长很多，设计时如果把控不好，很容易就把详情页做得很糟糕。设计过程中，网店美工控制风格统一的难度较高。做好风格统一要注意4个方面，分别是色彩搭配、分隔样式、文案排版、背景纹理。详情页的设计应该与网店首页风格保持一致，避免造成页面整体不协调的问题。为了保持统一的风格，详情页的色彩、字体、排版方式、各个板块的分隔也应统一。

图6-10~图6-12所示分别为3种不同风格的详情页，依次为可爱风格、清新风格和炫酷风格。观察它们的色彩搭配、分隔样式、文案排版、背景纹理，找出规律，将分析结果运用到自己的创作中。

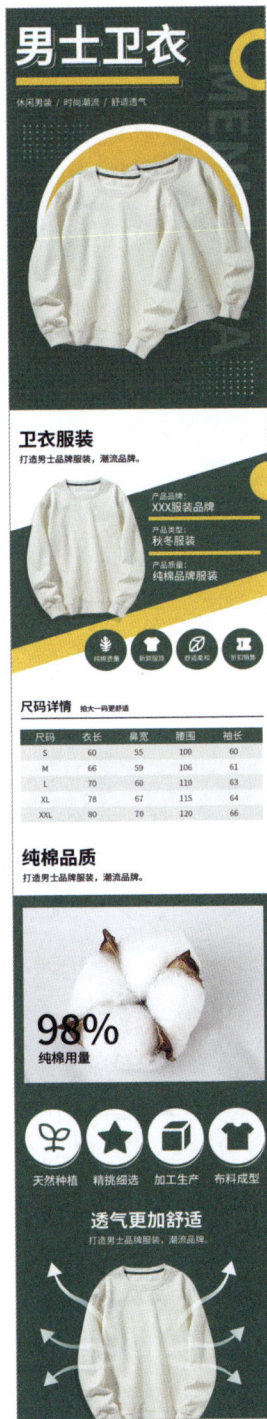

图6-10

图6-11

图6-12

素养课堂

　　详情页要与首页、主图相契合，同时必须真实地介绍商品的属性。如果介绍的内容与商品的属性不相符，就会让消费者失去信任。比如商品为蜂蜜，那么详情页应主打健康、好滋味，而不能夸大其功效。诚信，可以理解为以真诚之心，行信义之事。"诚"，是儒家的思想。立身处世，当以诚信为本。诚信也是电商的根基，网店美工应该将视觉设计与诚信理念相结合，让消费者产生信任。只有获得消费者的认可和信赖的视觉设计才能得到较高的点击率和转化率，达到视觉营销的最终目的。

项目实践：卡通水杯详情页设计

　　明确详情页的组成部分和设计要点后，网店美工就可以进行详情页的具体制作工作了。下面将以卡通水杯详情页设计为例，对详情页中的焦点图、商品卖点图、商品信息描述图等板块的制作方法进行介绍，设计效果如图6-13所示。

图6-13

设计思路：

根据消费者的浏览模式和购买心理，可以从下面几个方面进行详情页的设计。

① 卡通水杯的外形抓住了女生的"少女心"，整体色调为粉色，焦点图里也体现"少女

心"这一关键词，暗示其消费群体为女生。焦点图中的礼盒示意本商品可以作为礼物，扩大消费群体的范围。商品本身的颜值也是主要卖点。

② 对水杯的细节进行展现，并通过日常使用效果来吸引消费者进行浏览与购买。

③ 对消费者关心的问题，如水杯的材质、耐高低温的情况进行说明，并通过介绍售后保障服务，赢得消费者的信任。

知识要点：

完成本例的操作，网店美工需要掌握以下知识。

① 使用矩形工具、圆角矩形工具，绘制文案背景。

② 添加素材并使用"创建剪贴蒙版"命令。

③ 利用横排文字工具、直排文字工具，设置文本格式，输入文本。

操作步骤：

下面制作卡通水杯的详情页，具体操作步骤如下。

1. 制作焦点图

详情页开头的大图为焦点图，它的主要目的是突出商品及其卖点，激发消费者的兴趣，它的制作方法与海报类似。焦点图由商品、主题和卖点组成，其比较主流的布局方式一般有4种，即左图右字、右图左字、上字下图、两边图中间字，并且整体排版多采用竖屏的形式。本例中，焦点图的布局方式为上字下图，具体制作步骤如下。

微课视频

步骤 01 新建文件。新建大小为 790 像素 ×5800 像素、"分辨率"为 72 像素 / 英寸、"颜色模式"为"RGB 颜色"、名为"卡通水杯详情页"的文件。

步骤 02 打开素材文件"卡通水杯"，将其拖动到当前文件中，调整图片位置，效果如图 6-14 所示。

步骤 03 使用横排文字工具 **T.**，输入"颜值担当 美它一夏"，将"颜值担当"的字体设置为"方正兰亭特黑简体"，将"美它一夏"的字体设置为"方正兰亭纤黑简体"，设置字号为"65 点"，颜色为粉色（色值为"R255 G150 B176"）；输入"可爱的喜欢，甜美可爱的兔子样式，时刻给你少女心"，设置字体为"方正兰亭纤黑简体"，字号为"20 点"，颜色为粉色，效果如图 6-15 所示。

图6-14

步骤 04 使用横排文字工具 **T.**，输入"颜值水杯"，设置字体为"方正兰亭纤黑简体"，字号为"28 点"，颜色为翠兰色（色值为"R162 G222 B225"）；单击矩形工具 **□.**，在工具选项栏中设置绘图模式为"形状"，"填充"为无，在"描边"选项中将"描边类型"设置为实线，描边颜色为翠兰色，描边宽度设置为"1.5 像素"，在"颜值水杯"的四周绘制矩形，用于凸显文字，完成焦点图的制作，效果如图6-16所示。

图6-15

图6-16

2. 制作商品卖点图

本例中，商品卖点图的表现方式是对商品卖点的高度提炼。网店美工可以使用图形来布局，将文字显示在图形上，达到既修饰文字又突出文字的目的，具体操作步骤如下。

微课视频

步骤 01 提炼水杯的两大卖点——材质安全、耐高低温。单击圆角矩形工具 ◻，在工具选项栏中设置绘图模式为"形状"，"填充"为粉色，"描边"为无，"半径"为"25 像素"，绘制圆角矩形，将其移动至合适的位置，按"Ctrl+J"组合键复制一个圆角矩形；使用横排文字工具 T，在两个圆角矩形中分别输入"材质安全"和"耐高低温"，设置字体为"方正兰亭纤黑简体"，字号为"41 点"，颜色为白色，效果如图 6-17 所示。

步骤 02 使用横排文字工具 T，输入"安全环保的材质制成，安全无害"和"通透清澈

无惧骤冷骤热"，设置字体为"方正兰亭纤黑简体"，字号为"15 点"，颜色为粉色，效果如图 6-18 所示。

图6-17

图6-18

3. 制作商品信息描述图

商品信息描述图包含的内容很多，可以是商品的基本信息介绍，也可以是商品的尺寸描述。本例的商品信息描述图由商品使用场景展示、规格参数、可选颜色、细节展示等组成，具体制作步骤如下。

微课视频

步骤 01 使用横排文字工具 T.，输入"美得不可方物"，将"美得"的字体设置为"方正兰亭纤黑简体"，将"不可方物"的字体设置为"方正兰亭粗黑简体"，设置字号为"51 点"，颜色为粉色；输入"随手一放就能让整个空间点亮"，设置字体为"方正兰亭黑简体"，字号为"15 点"，颜色为粉色，效果如图 6-19 所示。

图6-19

步骤 02 单击圆角矩形工具 □.，在工具选项栏中设置绘图模式为"形状"，"填充"为粉色，"描边"为无，"半径"为"30 像素"，绘制圆角矩形。将素材文件"水杯使用场景"添加到文件中，按"Ctrl+Alt+G"组合键将它以剪贴蒙版的方式置入圆角矩形中，效果如图 6-20 所示。

图6-20

步骤 03 单击矩形工具 □.，在工具选项栏中

设置绘图模式为"形状"，"填充"粉色渐变（深色色值为"R255 G150 B176"，浅色色值为"R255 G192 B207"），渐变样式为"径向"，绘制商品详细信息底图。使用横排文字工具 T.，输入"规格参数"，设置字体为"方正兰亭黑简体"，字号为"57 点"，颜色为白色，效果如图 6-21 所示。

图6-21

步骤 04 使用横排文字工具 T.，输入名称、尺寸、口径等商品的详细信息，设置字体为"方正兰亭黑简体"，字号为"25 点"，颜色为白色，如图 6-22 所示。单击圆角矩形工具 □.，在工具选项栏中设置绘图模式为"形状"，"填充"为无，在"描边"选项中将"描边类型"设置为实线，描边宽度设置为"1 像素"，颜色设置为白色，"半径"设置为"25 像素"，在文字的四周绘制圆角矩形，效果如图 6-23 所示。

图6-22

图6-23

步骤 05 使用横排文字工具 ![T.]，输入"颜色可选"，设置字体为"方正兰亭粗黑简体"，字号为"39 点"，颜色为粉色（色值为"R225 G150 B176"）。使用直线工具 ![/]，设置"填充"为粉色，"粗细"为"1.3 像素"，在文字左侧绘制一条横线，按"Ctrl+J"组合键，复制该线条到文字的右侧，效果如图 6-24 所示。

图6-24

步骤 06 将 3 张不同颜色的水杯图片添加到文件中，然后使用矩形工具，在水杯的下层绘制 3 个矩形（色值分别为"R232 G198 B231""R255 G158 B182""R186 G187 B254"），用于凸显水杯，效果如图 6-25 所示。

图6-25

步骤 07 使用横排文字工具 ![T.]，输入"温暖时光"，设置字体为"方正兰亭粗黑简体"，字号为"72 点"，颜色为粉色；输入双引号，设置字体为"方正兰亭粗黑简体"，字号为"91.5 点"，颜色为粉色；输入一段英文，设置字体为"方正兰亭粗黑简体"，字号为"5.5 点"，颜色为粉色。使用圆角矩形工具 ![O.]，在工具选项栏中设置绘图模式为"形状"，"填充"为粉色，"描边"为无，设置"半径"为"30 像素"，绘制圆角矩形；使用直排文字工具 ![IT.]，在圆角矩形中输入"缤纷色彩"，设置字体为"方正兰亭黑简体"，字号为"15 点"，

颜色为白色，效果如图 6-26 所示。

图6-26

步骤 08 使用矩形工具 ![口.]，在工具选项栏中设置绘图模式为"形状"，"填充"为无，在"描边"选项中将"描边类型"设置为实线，描边宽度设置为"13 像素"，颜色设置为粉色，效果如图 6-27 所示。

图6-27

步骤 09 使用矩形工具 ![口.]，绘制一个浅粉色（色值为"R255 G158 B182"）矩形；再绘制一个白色矩形，将它的不透明度设置为 60%；复制浅粉色水杯，适当放大，移动到矩形的上层，效果如图 6-28 所示。

图6-28

步骤 10 使用矩形工具 ![口.]，绘制一个粉色矩形。使用横排文字工具 ![T.]，输入"细节展示"，

设置字号为"63 点",颜色为粉色,将"细节"的字体设置为"方正兰亭粗黑简体",将"展示"的字体设置为"方正兰亭纤黑简体",效果如图 6-29 所示。

图6-29

步骤 11 使用椭圆工具 ◯，绘制一个灰色（色值为"R131 G131 B131"）圆点；使用横排文字工具 T，输入"硅胶提手"，设置字体为"方正兰亭纤黑简体"，字号为"26.5 点"，颜色为灰色（色值为"R88 G88 B88"）；使用圆角矩形工具 ◯，在工具选项栏中设置绘图模式为"形状"，"填充"为白色，"描边"为粉色，描边宽度为"7 像素"，"半径"为"25 像素"，绘制圆角矩形，效果如图 6-30 所示。

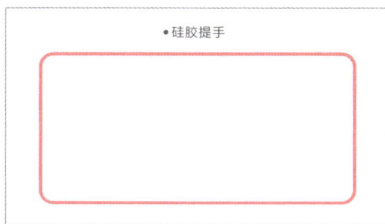

图6-30

步骤 12 使用移动工具 ✛，按住"Alt"键，移动并复制步骤 11 中创建的所有图层，修改其中的文本内容，效果如图 6-31 所示。

步骤 13 将素材文件"提手""封圈""瓶身"添加到文件中，并以剪贴蒙版的方式分别置入 3 个圆角矩形中，效果如图 6-32 所示。

4. 制作售后保障图

本例的售后保障图通过品质保证和7天无理由退换的文字来打消消费者的顾虑，具体制作步骤如下。

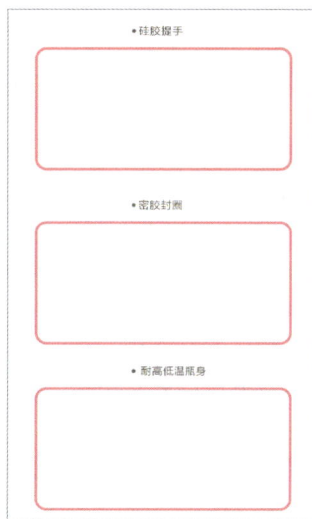

图6-31

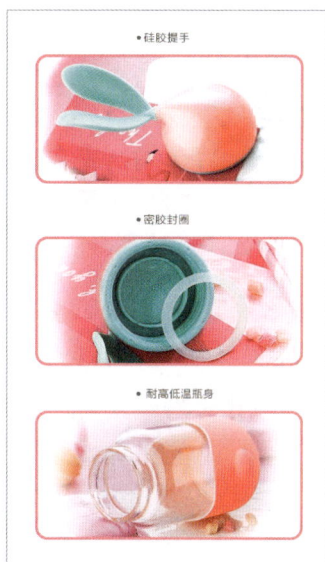

图6-32

微课视频

步骤 01 使用横排文字工具 T.，输入"我们承诺"，设置字体为"方正兰亭粗黑简体"，字号为"32 点"，颜色为灰色（色值为"R131 G131 B131"）；使用矩形工具 □.，在文字的下方绘制一个矩形，效果如图 6-33 所示。

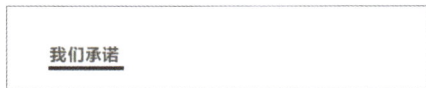

图6-33

步骤 02 使用圆角矩形工具 □.，在工具选项栏中设置绘图模式为"形状"，"填充"为翠兰色（色值为"R44 G172 B197"），"描边"为无，"半径"为"10 像素"，绘制圆角矩形。使用横排文字工具 T.，在圆角矩形中输入"品"，设置字体为"方正兰亭粗黑简体"，字号为"33 点"，颜色为白色；输入"品质保证"，设置字体为"方正兰亭粗黑简体"，字号为"17.5 点"，颜色为灰色（色值为"R58 G58 B58"）；输入"凡在店内购买的产品，均有品质保障，请买家放心购买"，设置字体为"方正兰亭黑简体"，字号为"15 点"，颜色为灰色（色值为"R58

G58 B58"），效果如图 6-34 所示。

图6-34

步骤 03 使用移动工具 ⊕.，按住"Alt"键，移动并复制步骤 02 中创建的所有图层，修改其中的文本内容，将圆角矩形修改为浅蓝色（色值为"R3 G 154 B233"），效果如图 6-35 所示。完成详情页的制作，将文件存储为 PSD 格式，方便以后修改。

图6-35

项目拓展：图片的切片

由于详情页要展现的内容较多，其尺寸也会比较大。为了保证消费者浏览时的流畅性，网店美工将制作好的详情页上传之前，通常情况下需要使用切片将整个详情页分割为多个部分，分别输出之后再上传。

微课视频

步骤 01 创建切片。打开素材文件夹中的详情页，选择"视图">"标尺"命令或按"Ctrl+R"组合键打开标尺，在标尺上拖动参考线设置切片区域，如图 6-36 所示。选择工具箱中的切片工具 ⌀.，在它的工具选项栏中单击"基于参考线的切片"按钮，此时图像基于参考线被分成 4 张小图，如图 6-37 所示。

步骤 02 优化与保存。选择菜单栏"文件">"导出">"存储为 Web 所用格式"命令，在打

开的"存储为 Web 所用格式"对话框中，选择切片选择工具 ⌀.，按住"Shift"键，选择要优化与保存的图片，在右侧选择优化的文件格式为"JPEG"，图像预览图左下角会显示优化信息，如格式、文件大小、预估图像下载时间等，通过文件的品质，控制文件大小，如图 6-38 所示。单击"存储"按钮，弹出"优化结果存储为"对话框，选择存储的位置，单击"保存"按钮导出切片。切片输出后，

在存储位置可以看到切片导出为单独的文件并存放在名为"images"的文件夹中。

图6-36

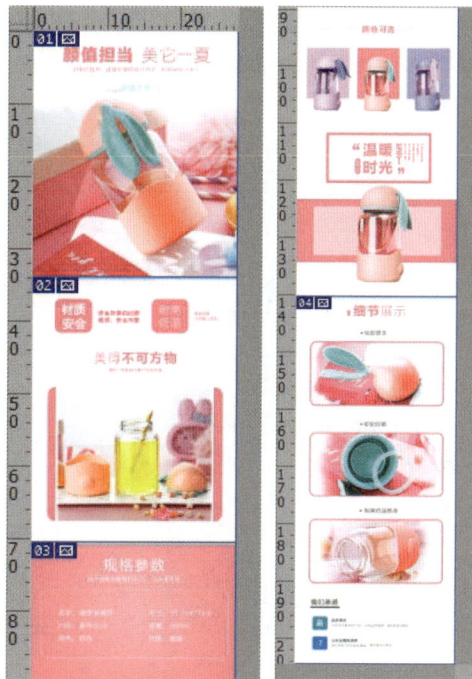

图6-37

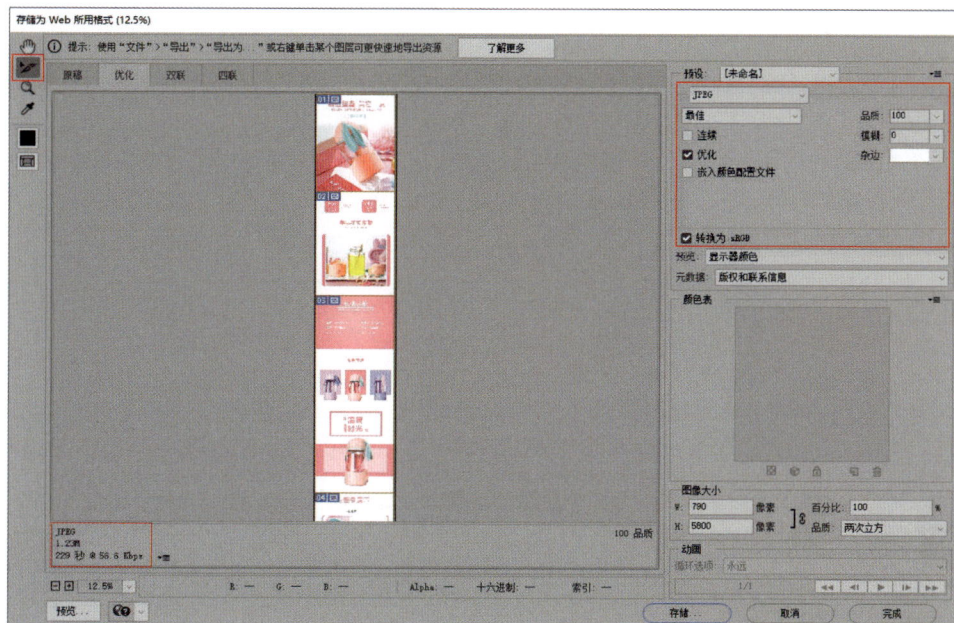

图6-38

思考与练习

详情页要展现的内容较多，制作也较为复杂，是网店美工工作的重点。在实际工作中，网店美工需要思考以下问题。

① 在详情页设计中，如何使页面保持简洁统一的视觉效果？

② 在商品详情页中如何完整地表现商品细节图？

一、选择题

1. 关于好的详情页，（　　）的说法是不合理的。

A. 是详细的商品说明书

B. 对商品的方方面面都要完美展示，因此不必考虑页面长度

C. 像一个优秀的销售员

D. 是完美的商品形象展示

2. 为了保证消费者浏览时的流畅性，在上传制作好的详情页之前，通常情况下需要使用（　　）将整个详情页分割为多个部分，分别输出后再上传。

A. 切片　　　　　　　B. 裁剪　　　　　　C. 修改图像大小　　D. 修改画布大小

3. 当需要把图片存储为网页所用格式时，为了确保图片清晰显现，考虑它的品质和大小是很有必要的，通常以（　　）的形式存储图片。

A. 存储为Web所用格式　B. 存储　　　　　　C. 存储为　　　　　　D. 存储副本

二、填空题

1. 详情页的常规宽度为（　　）和（　　）（以平台的实际要求为准），高度未限制，可以根据商品的实际情况而定。

2. 在售后方面，可通过包装、运输、服务承诺（如7天无理由退货、赠送运费险）等，树立品牌形象，赢得消费者的（　　），从而促成交易。

3. 在制作商品信息描述图时，需要为一些商品标注（　　），以便消费者清楚自己准备入手的商品的尺寸、体积情况。

三、简答题

1. 简述详情页的主要组成部分。

2. 如何查看商品详情页的尺寸和格式？

图6-39

四、操作题

1. 利用素材文件（习题素材与答案\项目6\儿童智能定位手表），制作一款儿童智能定位手表的焦点图。制作时需要突出商品，并用简洁的文字描述该焦点图的主题，效果如图6-39所示。

2. 利用素材文件（习题素材与答案\项目6\鹅绒枕），制作鹅绒枕的详情页。本例以本款鹅绒枕舒适、精工、有助于改善睡眠为卖点，从鹅绒枕的材料、使用情景展示、细节等方面来设计。鹅绒枕的详情页如图6-40所示。

柔赛丝面料
高效 真丝 舒适 透气

什么是柔赛丝?

柔赛丝是由70%真丝与
30%有机棉聚丝绵的混纺面
料,多用来生产床上用品。
它具有真丝的柔软、顺
滑、光泽,也同时具备了有
机提丝绵的舒适性、高密
度、透气性、保暖性。

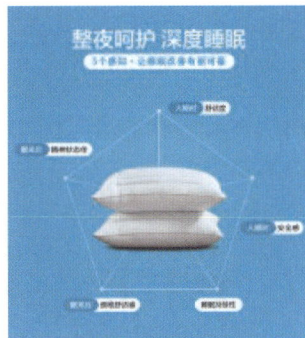

整夜呵护 深度睡眠

COMMODITY / PARAMETERS
商品参数

定义舒适体验
轻盈 柔软 透气

白鹅绒填充
轻盈 保暖 柔软 蓬松

讲究就要选鹅腹绒

很多消费者以为鹅绒就是鹅身上的羽毛,其实不然
鹅身上的羽毛只能称为羽片
只有日圈腹部柔软的部位才能称为羽绒

底层超细纤维
柔软蓬松 呵护睡眠

COMMODITY SHOW
商品展示

图6-40

项目 7

网店推广图视觉设计

在网店未进行推广的情况下，消费者浏览到该网店商品的概率特别小。所以，如果想要商品有充足的曝光率，需要让它"浮出水面"。网店营销推广是指网店通过各种宣传方式让更多的消费者看到并进入自己的网店，认识其中的商品，并通过各种方式让消费者购买商品。本项目将介绍网店营销常用的推广方式智钻图、直通车图等推广图的设计和制作方法。

ⓒ项目描述

智钻和直通车是一种付费推广方式，商家付费购买智钻展位，自行设计广告图并投放，用来吸引消费者注意并点击，从而获得流量。智钻展位是按竞价来收费的，谁出得价高，谁就出现在最显眼的位置；直通车按点击量收费，消费者点击一次，扣一次费用。直通车用于实现商品的精准推广，能产生以点带面的关联效应，可以降低整体营销推广的成本和优化整个网店的关联营销效果。

【课前预习】

预习课程	网店推广图视觉设计
预习内容	1. 在网络中搜索并浏览智钻图、直通车图的相关资料。 2. 阅读本项目内容，熟悉本项目的知识结构。 3. 阅读下面的案例并回答问题。 懂设计、有货源就能开好网店吗？ 小王懂一点网店视觉设计知识，想通过开网店将自己家乡的农产品售卖出去。他觉得只要把网店设计一下，使其漂亮醒目些，就可以坐着等消费者来了。 思考：（1）你认为小王能成功开店吗？ （2）除了视觉营销，开网店还需要哪些投入呢？
学习目标	1. 了解智钻图的展现方式、投放步骤和设计要点 2. 了解直通车图的投放位置、投放目的和策略、设计要点
技能目标	1. 掌握智钻图的设计方法 2. 掌握直通车图的设计方法
素养目标	认识信息技术发展的重要性，提高学习兴趣
预习时间	20 分钟

7.1 智钻图的视觉设计

智钻是淘宝网提供的一种付费推广方式，是淘宝网图片类广告竞价投放平台。智钻图则是在智钻展位上展示用以吸引消费者注意力的图片，下面对智钻图的展现方式、投放步骤及设计要点进行介绍。

7.1.1 智钻图的展现方式

通常电商平台会在页面最显眼的位置展现用于引流的智钻图。智钻图类似于小型海报，如消费者打开淘宝首页后，最先映入眼帘的就是一张大图，这张大图的位置就是淘宝站内的智钻图展示位，如图7-1所示的红框区域。

图7-1

7.1.2 智钻图的投放步骤

网店进行智钻推广之前，需要进行全面的考察和详细的策划，明确推广的目的和策略。智钻图的投放需要经过以下几个步骤。

开通钻展并充值。天猫网店和网店等级在一钻以上的淘宝C店可以开通钻展。

选择投放的资源位。资源位就是广告的投放位置。智钻资源位的优劣决定了推广能否成功，一个好的资源位可以提升网店的流量和销量。

制作智钻图。根据资源位的尺寸制作智钻图。

上传智钻图，等待审核通过。等待审核时需要有耐心，一般需要几个小时。

新建计划，填写相关信息。计划的内容包括计划类型、竞价方式、计划名称、投放日期等。计划类型分为智能投放和常规投放。在智能投放下，商家只需要上传智钻图，其他都交由系统托管，系统会自动投放。在常规投放下，商家可以自行选择定向人群、资源位和设置出价等，可操作空间大；除此之外，商家还可以设置详细的投放地域、投放时段和投放方式等。

选择定向人群，设置出价。选择定向人群时应避免把智钻图投放给刚买过网店商品的消费者。具体的资源位的竞价，可以按照市场平均价格或者低于市场平均价格的20%~30%出价，也可以按照市场平均价格的50%出价，然后再慢慢加价。

正式投放智钻图。完成所有准备后即可正式投放智钻图。

↘ 7.1.3　智钻图的设计要点

智钻图位置众多且尺寸各异，因此在制作智钻图时，网店美工要根据其位置、尺寸等信息进行调整，并采取合适的方式进行设计。虽然智钻图的位置和尺寸不同，但其设计要求基本一致，下面进行详细介绍。

主题突出。智钻图一定要有亮点、突出主题，才能够吸引更多消费者浏览。推广展示的过程必须有一个明确的主题，所有的元素都必须围绕这个主题。智钻图的主题可以是商品，也可以是创意方案，还可以是消费者需求。主题应该放在视觉中心，是被突出、被放大的元素。

目标明确。推广通常分为品牌推广、单品推广和活动推广。品牌推广需要明确品牌定位，通过智钻推广打响品牌名声，为以后的品牌推广增加人气。单品推广是把一个单品打造成热销款，再通过该单品带动整个网店商品的销售。活动推广适合一些有活动运营能力的商家。网店参与大型节日活动，并以投放智钻图的形式推广，可以在短时间内大量引流，从而提高网店商品的销量。在智钻图的设计与制作过程中，网店美工需要先明确推广目标，然后进行素材的选择和智钻图的设计，这样才能有效提高智钻图的点击率和转化率。

形式美观。美的东西往往更具有吸引力，形式美观的智钻图更能使消费者产生好感，进而提高点击率。在选择好素材、规划好创意后，适当地美化智钻图尤为重要。同时，网店美工需要在排版、配色、字体和标签的选择等方面，让智钻图符合主题。

7.2　直通车图的视觉设计

直通车推广能精准地将商品信息推送给潜在消费者，给网店带来巨大的流量。下面介绍直通车的投放位置、投放目的和策略、设计要点。

↘ 7.2.1　直通车图的投放位置

直通车图可以投放在淘宝平台的各个地方，如"掌柜热卖"板块等。图7-2所示为关键词搜索结果页底部的"掌柜热卖"，消费者点击直通车图即可进入对应的网店或详情页。

直通车图的投放位置比较多，除上述提及的之外，还有"我的淘宝"首页（猜我喜欢）、"我的淘宝"（已买到宝贝的底部）、"我的宝贝"（收藏列表页底部）、购物车底部等。

图7-2

7.2.2　直通车图的投放目的和策略

　　直通车图的投放目的是将商品推送给潜在消费者，为商品和网店带来流量，以取得网店想要的营销效果，所以不仅要让消费者点击直通车图，而且要考虑其转化率。直通车图的投放策略可以是单品引流，也可以是网店引流。单品引流侧重于传递单个商品的信息或销售诉求，以销售转化为最终目的；网店引流侧重于宣传品牌，通过集中引流再分流的方式，实现流量的价值最大化。此外，网店引流一般会以主题促销、活动或类目专场等方式呈现。

7.2.3　直通车图的设计要点

　　直通车图就是直通车展位上的图片，直通车图的尺寸和主图的尺寸一致，其设计也类似于主图的设计，但更加注重视觉效果。部分商家为了引导消费者进入网店购买商品，提高网店的动销率，会把热销商品的主图直接放到直通车展位上。优质的直通车图是网店吸引流量、提高点击率和转化率的必要条件，也是视觉设计的关键。网店美工在设计直通车图时，除了注意其美观性之外，还应注意以下几点。

　　针对消费群体确定设计风格。确定推广商品的消费群体，同时分析他们的喜好，以确定设计风格和色彩定位。例如，推广的是少女服饰，因此消费群体是年轻女性，在设计风格上尽量要可爱，在色彩定位上则应采用活泼鲜艳的色调。

　　分析消费者的消费能力，确定促销方式。分析消费者的消费能力，这样就可以确定以什么样的促销方式来吸引消费者。

　　从竞争对手处找到差异卖点。网店美工通过分析消费者的偏好来确定卖点，从竞争对手处找到差异卖点，通过文案将其合理地表现出来。

📖 素养课堂

　　信息技术的飞速发展给网店销售带来了巨大的便利，网络营销已经成为众多商家拓宽销售渠道的必然选择。因此，优秀的网店美工应该多锻炼自己的营销思维，拓展知识面，善于学习，与时俱进，掌握当下前沿的新媒体营销推广技术，更好地利用新媒体做好网店的推广与营销。

项目实践①：制作智钻图

使用智钻推广的网店如果希望得到高点击率，就要将智钻图设计好，让人看一眼就被吸引。那么智钻图该怎么设计呢？创意是影响点击率最直接的因素，被誉为"智钻展位的生命线"，所以创意对智钻图来说是非常重要的。下面以美妆网店的"6·18"年中大促活动进行智钻推广为例，根据特色商品的特征，利用传统纹饰、造型意向、传统色彩等视觉元素设计智钻图，设计效果如图7-3所示。

设计思路：

根据商品的特点，可以从下面几个方面进行智钻图的设计。

① "国潮"泛指中国本土文化、本土品牌及商品引领的消费文化潮流。越来越多的国货品牌开始运用"国潮"进行宣传，以传统元素为基础，将品牌理念与调性暗含其中，以潮流设计展现国货风采。本例的美妆网店就是将中国的传统设计引入商品和商品包装中，因此，

图7-3

在制作智钻图时，网店美工可以充分运用"国潮"风格。

② 设计时，网店美工通过对图像、文字、色彩与版式的整体归纳与融合，将中国传统文化与精神理念贯穿作品之中，向消费者传达"国潮"文化内涵，激发消费者的文化认同感与情感共鸣。

③ "6·18"是网店的一项大型促销活动，因此促销是制作智钻图的主要目的。打折、促销内容这些信息应该放在视觉中心，作为被突出和放大的元素。

知识要点：

完成本例的操作，网店美工需要掌握以下知识。

① 使用画笔工具绘制光线，为画面添加光感效果。

② 利用横排文字工具，设置文本格式，输入文本，为文字添加图层样式，突出文字，丰富画面效果。

③ 使用圆角矩形工具、椭圆工具绘制形状。

④ 创建剪切蒙版，将图片嵌套到形状图层中。

操作步骤：

下面制作美妆网店的"6·18"年中大促活动智钻图，具体操作步骤如下。

步骤 01 新建文件。新建大小为520像素×280像素、"分辨率"为"72像素/英寸"、"颜色模式"为"RGB颜色"、名为"美妆网店6·18活动-智钻图"的文件。

步骤 02 制作背景。本例以红色为主色调，将背景填充为红色（色值为"R187 G40 B42"）；选择矩形工具 ，在画面的下方绘制一个深红色（色值为"R156 G28 B34"）的矩形；新建

一个图层，将前景色设置为浅红色（色值为"R220 G67 B68"）；选择画笔工具 ![画笔]，绘制光线，增加背景的层次，如图7-4所示。

![图7-4]

图7-4

步骤 03 添加活动Logo。将素材文件"活动Logo"添加到文件中，并为该图层添加黄色"渐变叠加"效果，参数设置如图7-5所示，效果如图7-6所示。

色值为"R254 G238 B211"

色值为"R255 G194 B128" 色值为"R255 G194 B128"

渐变叠加	
渐变	
混合模式：正常	□ 仿色
不透明度(P):	100 %
渐变：	□ 反向(R)
样式：线性	☑ 与图层对齐(I)
角度(N): 140 度	重置对齐
缩放(S):	150 %

图7-5

图7-6

步骤 04 输入文案。本例采用左文右图的布局方式。选择横排文字工具 ![T]，设置字体为"方正粗宋简体"，字号为"50.5点"，输入"经典国货"；设置字体为"方正大标宋简体"，字号为"20.5点"，输入"五折超值优惠"；设置字体为"方正宋三简体"，字号为"13点"，输入"活动时间：6月1日~18日"；为这3行

文字添加和活动Logo一样的"渐变叠加"效果，如图7-7所示。

图7-7

步骤 05 在"五折超值优惠"的下层绘制一个传统风格的图形，用于凸显文字，该图形由两个圆角矩形组成。使用圆角矩形工具 ![圆角矩形]，在工具选项栏中选中"合并形状"按钮 ![合并]，绘制第一个圆角矩形，再绘制第二个圆角矩形，后者的圆角形状窄长一些，此时绘制的两个圆角矩形合并为一个图形。在弹出的"属性"面板中，设置"填充"为传统的渐变蓝色（深蓝色的色值为"R6 G73 B109"，浅蓝色的色值为"R89 G180 B166"），渐变样式为"线性"，角度为"90"，"描边"为渐变金色，描边宽度为"2像素"，圆角"半径"为"7像素"，效果如图7-8所示。

图7-8

步骤 06 将所有文案图层添加到一个图层组中，并为该图层组应用"投影"效果，参数设置如图7-9所示，效果如图7-10所示。

投影	
结构	
混合模式：正片叠底	
不透明度(O):	75 %
角度(A): 120 度	☑ 使用全局光(G)
距离(D):	4 像素
扩展(R):	0 %
大小(S):	4 像素

图7-9

图7-10

步骤 07 添加商品图片。将素材文件"化妆品"和"圆形台"添加到文件中，并添加"投影"效果，参数设置如图 7-11 所示，效果如图 7-12 所示。

图7-11

再复制两个云纹，将其调整至合适的大小并放到合适的位置。将这 3 个云纹添加到一个组中并为该组添加和文案一样的"渐变叠加"和"投影"效果。制作完成后保存文件，效果如图 7-15 所示。

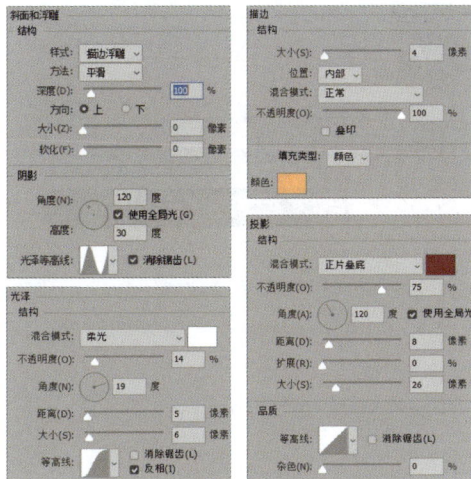

图7-13

图7-14

图7-15

图7-12

步骤 08 在商品图片后方绘制古典风格的窗户，该图形由 4 个圆形组成，制作方法与"五折超值优惠"文字外框的制作方法相同。将素材文件"窗格""山峰""云朵"添加到文件中，按"Alt+Ctrl+G"组合键以剪贴蒙版的方式，将它们置入古典风格的窗户中，为该图形添加"斜面和浮雕""描边""光泽""投影"等效果，参数设置如图 7-13 所示，效果如图 7-14 所示。

步骤 09 将素材文件"云纹 1"添加到文件中，

项目实践②：制作直通车图

直通车图的优劣决定了直通车推广能否成功。下面制作女士手提包新品预售直通车图，设计效果如图7-16所示。

微课视频

133

图7-16

设计思路：

网店美工可以从下面几个方面进行直通车图设计。

① 本例推广的主题为新品预售，推广前要分析商品所针对的消费群体，同时分析他们的喜好，以确定设计风格。由于推广的商品为女士手提包，消费群体多为年轻女性，因此设计风格应尽量体现时尚、简约的一面。

② 设计时，由于预售的时间为春季，在颜色定位上网店美工可以采用清新的绿色，运用素材以营造春意盎然的感觉，体现青春与活力。

③ 预售目的就是预先告知消费者，本店在举行新品预售活动，激发消费者好奇心，提升商品的点击率，给出优惠价提前锁定消费者。网店美工要根据消费群体分析其消费能力，这样可以确定用什么样的促销方式来吸引消费者。

知识要点：

完成本例的操作，网店美工需要掌握以下知识。

① 使用矩形工具、圆角矩形工具、椭圆工具绘制形状。

② 利用横排文字工具，设置文本格式，输入文本。

③ 创建剪贴蒙版，将图片嵌套到形状图层中。

④ 使用画笔工具绘制投影，增加画面的层次。

操作步骤：

下面制作女士手提包新品预售直通车图，具体操作步骤如下。

步骤 01 新建文件。新建大小为 800 像素 ×800 像素、"分辨率"为"72 像素/英寸"、"颜色模式"为"RGB 颜色"、名为"女士手提包 - 直通车图"的文件。

步骤 02 添加商品图片。将素材文件"手提包 1""手提包 2"添加到文件中并移动到合适的位置，效果如图 7-17 所示。

步骤 03 设计背景。选择矩形工具 □，在工具选项栏中，设置绘图模式为"形状"，"填充"为蓝绿色（色值为"R123 G185 B185"），"描边"为无，在画面的右上方绘制一个矩形，命名为"矩形 1"；按"Ctrl+J"组合键复制该矩形，将颜色更改为浅色（色值为"R161

G207 B207"），命名为"矩形 1 副本"，按键盘向上键移动位置；在画面的下方绘制一个矩形（色值为"R229 G255 B253"），命名为"形状 2"，效果如图 7-18 所示。

图7-17   图7-18

步骤 04 选中"背景"图层，设置前景色为墨绿色（色值为"R21 G32 B17"），按"Alt+Delete"

组合键填充颜色。将素材文件"叶1""叶2""花1"添加到文件中并移动到画面左侧合适的位置，效果如图7-19所示。将素材文件"花2""花3"添加到文件中并移动到画面右上方合适的位置，将"花3"图层的"不透明度"设置为"60%"，效果如图7-20所示。将素材文件"叶3"添加到文件中并移动到手提包的左上方，将"叶3"图层的"不透明度"设置为"65%"，效果如图7-21所示。

图7-19

图7-20

图7-21

步骤 05 单击"图层"面板中的"新建图层"按钮，创建一个新图层，命名为"光"，按"Alt+Ctrl+G"组合键以剪贴蒙版的方式，置入到"矩形1副本"图层中。选择画笔工具，

设置前景色为白色，将笔尖设置为柔边圆，画笔大小设置为"500像素"，不透明度设置为"10%"，在矩形的上方中间位置单击绘制光，增加画面的层次。连续单击，直到光的亮度合适为止。新建一个图层，命名为"投影"，以剪贴蒙版的方式，置入到"形状1副本"图层中，选择画笔工具，设置前景色为蓝绿色（色值为"R123 G185 B185"），通过设置画笔的"不透明度"或使用橡皮擦工具控制投影颜色的深浅，效果如图7-22所示。

步骤 06 按相同方法在"矩形2"处绘制光和投影，增加画面的层次，效果如图7-23所示。

图7-22　　　　图7-23

步骤 07 添加文案。选择横排文字工具 T,，输入"预售 免定金"，在"字符"面板中设置"预售"的字体为"思源黑体 CN"，字号为"63.5点"，字体样式为"Regular"，颜色为深绿色（色值为"R86 G135 B129"），设置"免定金"的字体为"思源黑体 CN"，字号为"63.5点"，字体样式为"Bold"，颜色为黑色（色值为"R0 G0 B0"）。选择横排文字工具 T,，输入"2022 NEW FASHION"，在"字符"面板中设置字体为"方正兰亭刊黑简体"，字号为"15点"，文字间距为"740"，颜色为黑色（色值为"R0 G0 B0"），效果如图7-24所示。

步骤 08 选择矩形工具 口,，在工具选项栏中设置绘图模式为"形状"，"填充"为深绿色（色值为"R86 G135 B129"），"描边"为无，在画面的上方绘制一个矩形；选择横排文字工具 T，输入"前 1000 名半价购"，在"字符"面板中，设置字体为"方正兰亭黑简体"，字号为"28.5 点"，颜色为白色（色值为"R255 G255 B255"），效果如图 7-25 所示。

图7-24

图7-25

步骤 09 使用移动工具选中在上一步添加的形状和文字，按住"Alt"键向下移动并复制，将文字更改为"全场两件赠运费险"，效果如图 7-26 所示。选择横排文字工具 T，输入活动时间，在"字符"面板中设置字体为"方正兰亭黑简体"，字号为"15 点"，颜色为黑色（色值为"R0 G0 B0"）。选中所有文字，进行"水平居中对齐"操作，然后将它们拖动到"图层"黑色面板的"创建新组"按钮 ▢ 上，创建一个组，命名为"预售活动"，如图 7-27 所示。

步骤 10 添加活动价格。选择椭圆工具 ⬭，在工具选项栏中设置绘图模式为"形状"，"填充"

为橘红色（色值为"R255 G42 B0"），"描边"为无，按住"Shift"键，在画面的左下角绘制一个圆形，得到"椭圆 1"图层。新建一个图层，命名为"浅红"，选择画笔工具 ✎，设置前景色为浅红色（色值为"R232 G149 B125"），笔尖为柔边圆，大小为"250 像素"，不透明度为"20%"，在圆形上涂抹以增加画面的层次。按"Alt+Ctrl+G"组合键，将"浅红"图层以剪贴蒙版的方式置入"椭圆 1"图层，效果如图 7-28 所示。

图7-26

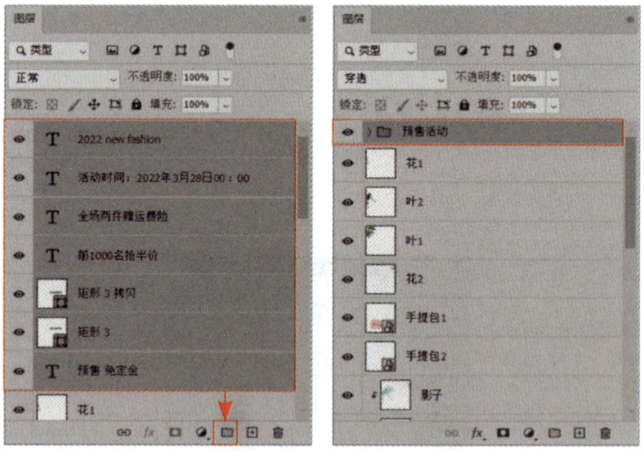

图7-27

步骤 11 选择横排文字工具 T，输入"到手价低至"，在"字符"面板中，设置字体为"思源黑体 CN"，字号为"22 点"，文字间距为"−75"，颜色为淡绿色（色值为"R242 G255 B254"）；输入"219"，将字号设置为"121 点"；输入"元"，将字号设置为"33 点"，效果如图 7-29 所示。

图7-28

图7-29

步骤 12 使用圆角矩形工具 □，设置绘图模式为"形状"，"填充"为绿色渐变（深绿色的色值为"R21 G31 B17"，浅绿色的色值为"R55 G66 B50"），描边为"无"，半径为"35像素"，在椭圆的右下方绘制一个圆角矩形；选择横排文字工具 T，输入"领取 30 元优惠券"，在"字符"面板中设置字体为"方正兰亭黑简体"，字号为"50.5 点"，文字间距为"-25"，颜色为淡绿色（色值为"R235 G255 B253"），效果如图 7-30 所示。选中活动价格的所有内容并进行编组，命名为"活动价格"。

步骤 13 新建一个图层，命名为"压暗"，选择渐变工具 □，使用从黑色到透明的渐变，

将画面中的植物压暗，避免其过于抢眼，影响主体；将素材文件"Logo"添加到文件中，完成女士手提包新品预售直通车图的制作，效果如图 7-31 所示。

图7-30

图7-31

项目拓展：H5 页面

　　H5页面是一种移动营销方式，它凭借强大的互动性和良好的视觉效果，在移动端网络社交媒体（以微信为主）中快速传播。如今，越来越多的网店也将目光投向H5页面，通过H5页面进行营销推广，因此H5页面的设计和制作逐渐成为网店美工的重要工作。

H5是HTML5的简称，它不是一项技术，而是Web技术中的一个标准。HTML是Hyper Text Markup Language的缩写，意为"超级文本标记语言"，多数网页都是用HTML编写的，HTML5是HTML的第5个版本。

H5页面是指运用HTML5制作的在移动端网络社交媒体中传播的带有交互体验、动态效果及音效的Web页面。H5页面除了包含图片和文字外，还可以包含声音、动画、视频等，甚至是炫酷的效果，具有更强的视觉冲击力。H5页面常见的应用场景有：微信H5、交互视频、户外大屏交互解决方案、PC网页等。例如微信H5，在朋友圈、公众号中放置链接、二维码，可以实现在微信内打开H5页面。H5页面不仅视觉效果好、传播速度快，而且拥有移动网页没有的强大功能，如网页版App、网页小游戏、互动页面等。H5页面很快被商家重视，在短时间内迅速壮大，成为当前线上营销推广的"主力军"。

1. H5页面的类型

H5页面是一种新型的广告营销方式。网店美工在制作H5页面时，主要用其展示品牌信息、商品信息和活动信息等内容。那么H5页面有哪些类型呢？下面进行具体介绍。

（1）品牌传播型

品牌传播型H5页面相当于一个品牌的微官网，倾向于品牌形象的塑造，向消费者传达品牌的精神。其在内容上需要倡导一种态度、一个主旨，在设计上则需要运用符合品牌气质的视觉语言让消费者对品牌留下深刻印象。图7-32所示的"纯中式合院"地产H5页面，以传统文化、传统建筑为特色，采用灰色背景呈现了中式合院的飞檐翘角，给人静谧之感，简单又能打动人心。

（2）商品介绍型

商品介绍型H5页面以商品本身的特点为依据，放大商品特性，完成商品的形象塑造，激发消费者的购买欲，其主要组成部分是"商品名称、商品形象、商品广告语"。例如，图7-33所示为一家食品店铺宣传新鲜上市的草莓的H5页面。

（3）活动推广型

活动推广型H5页面是商家在运营过程中设计一些活动或者广告时所使用的页面。活动推广型H5页面多用插画的形式，重点展现活动主题（如节日关怀、打折优惠）和时间，营造热闹的活动氛围。例如，图7-34所示的H5页面为某网店借助元旦特惠发布的邀请好友拿豪礼活动推广型页面。

2. H5页面的制作工具

H5页面的制作工具

图7-32

图7-33

图7-34

有很多，如兔展、人人秀、稿定设计、MAKA、iH5等，它们的核心特点都是通过添加并编辑模块的方式来制作H5页面，这样在制作过程中就不需要进行编程，从而大大降低了H5页面的制作门槛，缩短了H5页面的制作时间。下面将对两种常用的H5页面制作工具的使用方法进行介绍。

（1）MAKA

MAKA是一款专注于营销推广的H5页面制作工具，它包含了很多不同类型的模板，并且操作方法简单，网店美工使用这个工具可以快速地制作出H5页面。

打开MAKA官方网站，注册成功后登录网站，在进入MAKA首页时，界面会自动弹出一个窗口，让用户选择所属行业和职位，网站会据此为用户推荐相关模板。在"搜索"文本框中输入想要搜索的模板，如输入"服装"，如图7-35所示。

按"Enter"键，在弹出的页面中单击 H5 按钮，此时界面中会显示相关内容的H5模板。浏览模板可以看到有些模板可以免费使用，有些模板则需要花钱购买；也可以勾选"免费"选框，浏览更多的免费模板。在下方选择一个合适的模板，如图7-36所示，单击进入模板后，即可编辑模板，制作自己需要的H5页面。

图7-35

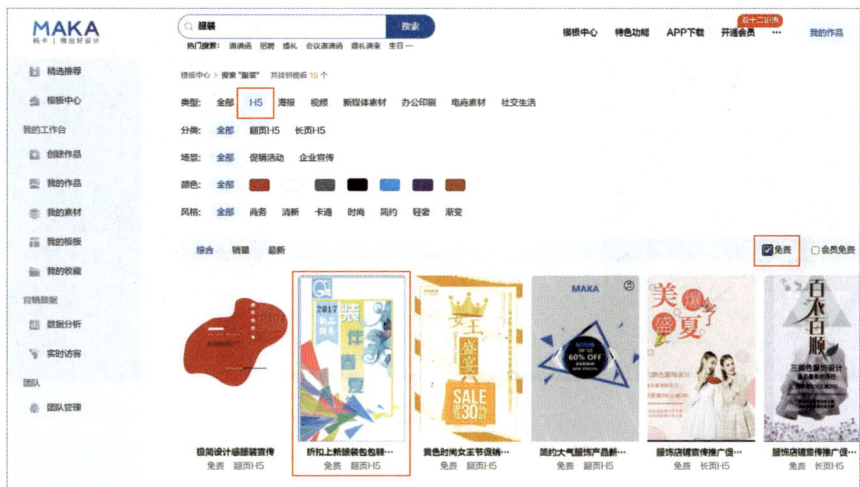

图7-36

（2）iH5

iH5是一款专业的H5在线制作工具，它具有强大的编辑能力，支持图片、音频、视频的编辑，能够制作出多种动画，并且支持多种方式的人机互动，而且其免费版也完全开放了编辑功能。

登录iH5网站，进入首页，在右上角单击"创建作品"按钮，打开"新建作品"对话框，在该页面中选择"新版工具"并单击"创建作品"按钮，如图7-37所示。在打开的页面中单击"关闭"按钮，如图7-38所示，即可进入iH5的工作界面进行H5页面制作，如图7-39所示。

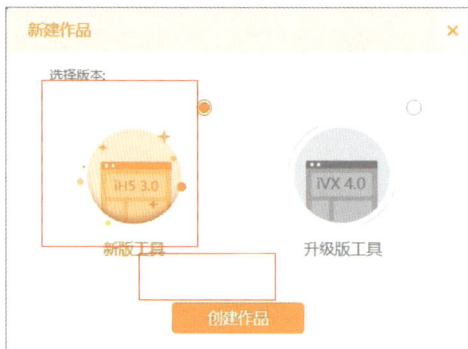

图7-37

图7-38

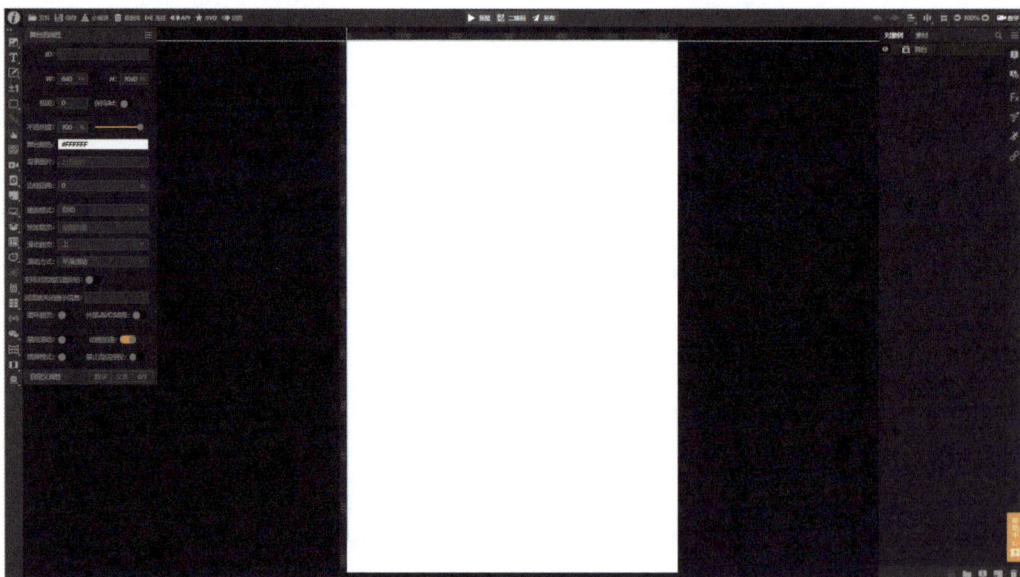

图7-39

思考与练习

要想对网店和商品进行推广，以获取更多的流量，从而提高销量，网店美工需要思考以下问题。

① 如何了解消费者最在意的问题、深挖卖点？

② 如何设计出有吸引力和高点击率的推广图？

一、选择题

1. （　　）是淘宝网提供的一种付费推广方式，是淘宝网图片类广告竞价投放平台。

A. 智钻　　　　B. 店招　　　　C. 主图　　　　D. 详情页

2. （　　）是一种付费推广方式，按点击量收费，在消费者每点击相应图片一次平台就扣一次费用，可实现商品的精准推广。

A. 智钻图　　　　B. 直通车　　　　C. 主图　　　　D. 详情页

3. H5页面是一种移动营销方式，它凭借强大的互动性和良好的视觉效果，在以（　　）为主的移动端网络社交媒体中快速传播。

A. 微博　　　　B. 微信　　　　C. 抖音　　　　D. 小红书

二、填空题

1. （　　）的尺寸和主图的尺寸一致，其设计也类似于主图的设计，但更加注重视觉效果。

2. H5是（　　）的简称，它不是一项技术，而是Web技术中的一个标准。

3. 通常电商平台会在页面中最显眼的位置展现用于引流的（　　）图。

三、简答题

1. 简述智钻图的定义以及展现方式。

2. 简述直通车图的投放位置。

四、操作题

1. 在淘宝上找出几张你认为有设计感的智钻图，并一一说明它们好在哪里。

2. 利用素材（习题素材与答案\项目7\家装节）制作推广家装节的智钻图。网店美工制作时先设计背景，然后添加家居素材，并输入商品卖点、促销信息，完善细节，用暖色调营造节日的喜庆氛围，完成后的效果如图7-40所示。

图7-40

项目 8

网店视频拍摄

视频的信息量比简单的图片、文字的信息量要大很多，它能更加生动、直观地展示商品。目前大部分网店都会通过视频来吸引消费者，从而增强推广效果，因此网店美工需要掌握视频拍摄与制作的方法。本项目将对网店视频拍摄的相关知识进行讲解。

⊙项目描述

网店视频能对商品进行全方位、多角度的动态展示，可以让消费者更加直观地感受和了解商品。本项目将详细介绍网店视频拍摄的基础知识，包含网店视频拍摄器材的准备、网店中的视频类型、网店视频拍摄的要求、网店视频拍摄的流程，以及网店视频拍摄的技巧。通过本项目的学习，网店美工可以掌握网店视频拍摄的方法和技巧，拍摄出高品质的网店视频。

【课前预习】

预习课程	网店视频拍摄
预习内容	1. 在网络中搜索并浏览网店视频拍摄的相关资料。 2. 阅读本项目内容，熟悉本项目的知识结构。 3. 阅读下面的案例并回答问题。 为手冲咖啡壶拍摄视频短片 设计总监让小张为一款手冲咖啡壶拍摄视频短片，要求拍摄利用该商品制作一杯手冲咖啡的过程；还要展示手冲咖啡壶的全貌及细节，让消费者能了解该商品并能清晰地知道其使用方法；全片风格要温馨浪漫，使消费者感受手冲咖啡带来的魅力。 思考：（1）你认为应该选什么样的环境拍摄该商品？ （2）拍摄时需要重点表现的是哪些镜头？
学习目标	1. 了解网店视频拍摄的器材 2. 了解网店的视频类型 3. 了解网店视频拍摄的要求 4. 了解网店视频拍摄的流程 5. 了解网店视频拍摄的技巧
技能目标	1. 掌握视频拍摄器材的使用方法 2. 掌握用单反相机拍摄视频的方法 3. 掌握商品视频的拍摄技巧
素养目标	树立正确的世界观、人生观、价值观，传递社会正能量
预习时间	20 分钟

8.1 网店视频拍摄器材的准备

"工欲善其事，必先利其器。"网店视频拍摄需要用到各种器材，在拍摄之前一般要准备以下器材。

↘ 8.1.1 拍摄设备

网店视频的拍摄设备有手机、单反相机、微单相机和摄像机。其中，单反相机是目前拍摄网店视频的常用设备，这是由于现在的单反相机都具备强大的视频拍摄功能，并且操作便捷。同时，单反相机既可以用来拍摄商品图片，也可以用来拍摄网店视频，一举两得，从而降低了拍摄成本。单反相机相比专业级高清摄像机体型小、重量轻，而且性价比高，因此，单反相机可作为网店视频的首选拍摄设备。

↘ 8.1.2 稳定设备

网店视频拍摄一定要"稳"字当头，要尽量消除任何引起镜头晃动的因素。

三脚架和独脚架。三脚架和独脚架是网店视频拍摄中不可或缺的稳定设备，把相机固定在三脚架或独角架上，可以防止镜头晃动造成的视频画面模糊。拍摄视频用的三脚架大概分为两种：一种是小巧轻便的桌面三脚架，如图8-1所示；另一种是拍摄视频用的专业三脚架，如图8-2所示。挑选三脚架时要注意图片拍摄三脚架与视频拍摄三脚架的区别。图片拍摄三脚架自重较大，承重也较小，云台可以翻转，但相机使用其进行上下转动时不平滑。而视频拍摄三脚架自重和承重都比较大，备有手柄，并带有阻尼，让相机可以通过其平滑转动。另外，视频拍摄三脚架的云台和三脚架采用的是分离式设计，以便网店美工可以在三脚架上使用不同的云台。独脚架的携带和使用更加方便灵活，在使用较重的长焦镜头拍摄时，网店美工可以用它来减轻手持的劳累，独脚架如图8-3所示。

图8-1

图8-2

图8-3

稳定器。拍摄物体运动的画面时，手持相机拍摄可能会使镜头晃动，大大降低了视频的品质。因此，我们需要在拍摄设备上安装稳定器。现在的稳定器可以分为手机稳定器（见图8-4），微单相机稳定器或单反相机稳定器（见图8-5）两种。

图8-4

图8-5

↘ 8.1.3 灯光设备

在光线较暗的环境下拍摄时，摄影灯就成了非常重要的拍摄辅助器材。有了摄影灯，网店视频拍摄就不会受光线的限制。

另外，摄影是光影的艺术，光影造就了画面的立体感，它是商品视频拍摄的基本要素。和商品图片拍摄一样，在日常拍摄商品视频时也需要有摄影灯、柔光箱、柔光伞、反光伞等辅助器材。

↘ 8.1.4　外置麦克风

视频是图像和声音结合组成的，图像固然重要，声音也不可或缺。拍视频的时候我们会发现，不管是手机、微单相机或单反相机，它们的收音效果往往比较差，视频中的人声会跟环境杂音混合在一起。因此仅依靠摄影设备内置麦克风收音是远远不够的，还需要使用外置麦克风。比如拍摄情景类视频时，在拍摄过程中收不到声音，后期制作就会非常麻烦，所以拍摄时需要用外置麦克风单独收音，或者让演员戴着收音麦同步收音。最常见的外置麦克风包括无线麦克风，又称"小蜜蜂"，如图8-6所示，以及指向性麦克风，也就是常见的机顶麦，如图8-7所示。

图8-6　　　　　　图8-7

↘ 8.1.5　其他辅助设备

除了以上设备之外，专业的商品视频拍摄制作团队还需要其他辅助设备。

摇臂。全景镜头、连续镜头和多角度等镜头的拍摄，大多需要借助摇臂完成。对于网店美工来说，熟悉操控摇臂已经成为必须掌握的技巧。摇臂不仅能让拍摄出的画面多元化，还丰富了网店美工的拍摄方式，帮助网店美工利用不同的拍摄手法，拍摄出令人印象深刻的画面，提高视频的制作水平，呈现出精彩的视频内容。摇臂拥有长臂优势，可以拍摄到其他摄像机捕捉不到的镜头。网店视频拍摄一般不需要用到拍摄电影、电视剧的大型摇臂，小型摇臂就可以满足拍摄需求，其优点是价格实惠、操作简单、性价比高。小型摇臂如图8-8所示。

滑轨。摄影师通过使用滑轨对拍摄器材进行平移、前推和后推等操作，使画面更具动感。目前，摄像滑轨主要分为手动和电动的两种：手动滑轨操作简单，网店美工只需要用手轻轻推动它就可以完成拍摄；电动滑轨可以由电子程序控制，也可以声动控制它的速度。电动滑轨如图8-9所示。

图8-8　　　　　　图8-9

8.2　网店中的视频类型

网店中的视频类型主要有主图视频和详情页视频两种，下面分别进行介绍。

　　主图视频。主图视频是消费者进入网店后最先看到的视频，它位于主图的前面，这足以证明它的重要性。主图视频的主要功能是引流，提高网店转化率，它通常会展示商品的外观、卖点、使用场景、使用说明等。主图视频通过短短几秒或者几十秒的时间，表现出商品的卖点和特性，快速吸引消费者的注意，提升消费者对商品的认同感。在制作主图视频时，建议视频时长在60秒以内，一般宽高比为"16：9""1：1""3：4"，尺寸建议为750像素×1000像素或1920像素×1080像素，支持MOV、MP4等格式。图8-10所示为京东上的一款智能电饭煲的主图视频。

　　详情页视频。详情页视频就是插入详情页中的视频，通常用于对商品的使用方法或商品的使用效果进行展示。详情页视频的主要功能不是引流，而是刺激消费者购买，提高转化率。该视频的时长不能超过10分钟，一般宽高比为16：9，尺寸为1280像素×720像素，可以是MOV、MP4等格式。图8-11所示为京东上的一款智能电饭煲的详情页视频。

图8-10

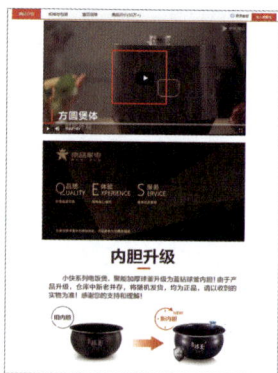

图8-11

8.3　网店视频拍摄的要求

　　网店视频是非常好的宣传网店商品的方式，可以在最短的时间内将商品信息传达给消费者。短视频与电商的结合已经成为新的发展趋势，既可以带动短视频行业的发展，也可以让商品信息更容易被消费者接受。拍摄网店视频时，除了要遵循拍摄的基本准则（如拍摄环境、布光、构图）外，还应站在电商的角度上思考，以拍摄出符合商品特质的视频。下面介绍拍摄网店视频需要注意的几个要点。

　　1.突出商品的主体地位。将商品放在视频中最醒目的位置，并使其尽可能占据大部分面积，选择合适的陪体突出商品的主体地位，选用简单的背景，避免分散消费者的注意力。

　　2.商品要真实、靠谱。拍摄网店视频时，表达的内容要真实可靠，尽量缩小现实和描述的差距，把商品真实地展现在消费者面前，这样才会得到消费者的信赖；同时还应从多种角度展示商品，给消费者更直观的感受，从而更自然地吸引消费者。

　　3.信息简明扼要、清晰。网店视频不能过长，要在有限的时间内传递出明确的信息，把商品卖点和细节介绍清楚，让消费者能在短时间内准确地掌握有效信息，勾起消费者的购买欲望。

4.视频开场要有吸引力。视频的开场尤为重要，它在很大程度上决定着消费者对商品的第一印象；有趣的开场能让消费者有兴趣看完视频，最终促进商品销售。

5.画面整体风格和形式要统一。拍摄视频时要进行合理的色彩搭配，还要统一风格和形式。例如，拍摄场景的风格要和网店的风格一致，出镜演员的气质、服饰都要与网店形象契合，这样可以极大地优化视频的视觉效果，增加吸睛指数。另外，在使用多机位拍摄时，网店美工还要保证整个视频色彩和亮度的一致。

8.4　网店视频拍摄的流程

拍摄视频时，需要了解拍摄的基本流程。只有将前期工作做好了，网店美工才可能拍摄出理想的视频，从而激发消费者的购买欲望。网店视频拍摄的基本流程如下。

↘ 8.4.1　了解要拍摄的商品

在拍摄前，网店美工要对所拍摄的商品的外形特征，如对造型、颜色、做工、材质等进行观察与分析，以便通过镜头完美地展现商品，还需要熟悉商品的功能、用途、配置特性、使用方法等，这样才能在拍摄过程中更好地表现出商品的亮点和卖点等信息。

↘ 8.4.2　制订拍摄方案

拍摄网店视频前，要根据商品自身的特点和使用方法制订拍摄方案。方案内容包括商品的定位、主题、广告形象、文案（脚本），以及拍摄风格、拍摄时长、拍摄规格、拍摄时间、具体使用的表现形式和技巧等，也可以用表格的形式来制订拍摄方案，便于厘清拍摄思路。

↘ 8.4.3　布置拍摄场景

要展现商品的价值，往往需要借助与之相关联的物体来衬托，因而在拍摄商品视频时，并不只是展示商品这么简单。在布置拍摄场景的过程中，要根据商品的特点和消费群体的属性，为商品搭配相应的场景。例如，在拍摄美食商品时，会在商品旁边放置一束花、一片叶子、餐具等道具，这能使商品视频的画面看上去更加有生机，体现出商品的价值。在室内拍摄时，环境要尽量整洁，最好配备有隔光效果的窗帘，以免受外界光源的影响。同时，还需要配备日光箱、三脚架、同步闪光灯、引闪器、反光伞等辅助器材。室外拍摄时要选择与商品风格相适应的环境，如拍摄时尚、潮流服饰会选择商业气氛浓厚的闹市区、临街商场、海边等。室外拍摄多采用自然光源，较少使用辅助光源或使用反光板进行布光。要避免在直射光环境下拍摄，这种光较强，会使画面明暗反差大，有色彩浓重的投影。

↘ 8.4.4　清点和检查设备、道具

在准备拍摄前，需要对拍摄中所要使用的设备（包括辅助器材）、道具进行清点和检查（如检查电池电量、存储卡容量），避免因设备或道具影响拍摄进度。

↘ **8.4.5　拍摄视频**

准备工作就绪后，就可以开始实际拍摄了。拍摄时一定要把握商品的特征，精心摆放商品，突出商品的主要方面，强调其本质和最具特点的地方，使构图具有审美性，并对应选择合适的拍摄角度。

8.5　网店视频拍摄的技巧

掌握网店视频拍摄的技巧，制作出高质量的网店视频，不仅能迅速吸引消费者的注意，延长消费者在网店内停留的时间，还能在短时间内全方位地展示商品的特性和使用方法，消除消费者对商品的疑虑，增强消费者的购买欲望，给消费者带来良好的购物体验，进而提高视频的点击率和转化率，大大提高商品的销量。下面详细介绍网店视频拍摄的技巧。

↘ **8.5.1　画面构图的设计**

主体明确。网店美工在拍摄时必须突出表现商品，将商品放在画面的中心位置，提升其视觉吸引力。

主体与陪体的搭配。在拍摄中，如果只有主体没有陪体，画面就会显得呆板。网店美工可以通过场景来交代环境、营造现场感，或者利用道具来营造氛围。陪体既要营造氛围，又不可喧宾夺主。

前景与背景的处理。前景常指主体之前的景物，主体之后的则为背景。前景不仅能弥补画面空白，还能渲染主体，增强画面的空间感和层次感。前景和背景都具有表达主题、突出主体、平衡构图和美化画面的作用。前景还可以起到引导视线和静物过渡的作用；背景可以增强画面的透视感、空间感、纵深感、提升作品的艺术感染力。拍摄时，网店美工将焦点放到主体上，通过虚化前景和背景来突出主体。

景别与拍摄角度。按照相机与被摄体间的距离远近，景别常分为远景、全景、中景、近景和特写，图8-12所示为中景和特写的效果。拍摄角度分为平视角度、仰视角度和俯视角度。平视角度是指相机与被摄体在同一条水平线上；仰视角度是指相机低于被摄体，可以在画面中表现被摄体高大、宏伟的形态；俯视角度是指相机高于被摄体，利用这种拍摄角度可以拍摄到更多的元素，让画面产生一种纵观全局的视觉效果。图8-13所示为以平视角度和俯视角度拍摄的效果。

中景　　　　　　　　　　　特写

图8-12

平视角度拍摄　　　　　　　　俯视角度拍摄

图8-13

↘ 8.5.2　用单反相机拍摄视频的方法

设置视频录制格式和尺寸。很多初学者经常拿起单反相机就开始拍摄，并没有提前设置视频录制格式和尺寸，拍完之后常常才发现视频的格式和尺寸不对，可能需要重新拍摄，这样便会给后续工作带来一些不必要的麻烦。一般在没有特殊要求的前提下，我们通常选择录制1920像素×1080像素，25帧/秒，MOV格式的高清视频。

使用M挡。使用单反相机拍摄视频时，建议使用M挡，手动设置曝光模式，这样可以单独控制快门速度、光圈值、感光度等参数。如果选择自动模式，在一些明暗变化较大的场景下，拍摄出的视频画面也会忽明忽暗，影响观看体验。

设置快门速度。录制视频与拍摄静态照片的快门速度是不同的，使用单反相机拍摄视频时，若快门速度过快，画面会显得不流畅，出现明显的卡顿；反之，若快门速度过慢，画面的运动模糊就会十分明显，画面会变得不清晰。拍摄视频时，一般将快门速度的倒数设置为帧率的2倍即可，通常帧率为25帧/秒，快门速度为1/50s。

设置光圈。光圈主要控制画面的亮度及背景虚化程度，光圈越大，画面越亮，背景虚化程度越大；反之，光圈越小，画面越暗，背景虚化程度越小。需要注意的是，光圈越大，实际光圈越小，比如F2.8表示大光圈，F11表示小光圈。当光圈过小、画面过暗时，我们可以调节感光度。

设置感光度。感光度是协助我们控制画面亮度的一个变量，在光线充足的情况下，感光度越低越好，即使是在比较暗的场景中，感光度也不宜太高，因为过高的感光度会使画面产生噪点，影响画质，特别是感光度大于2000时，我们会看到屏幕上有很多小花点在闪动，这就是噪点，它们不仅严重影响画质，而且还无法通过后期修复。

手动对焦。拍摄视频时，有一大难点便是控制对焦，如果选择自动对焦，拍摄视频的过程中很容易出现"脱焦""拉风箱"等问题，造成拍摄的视频无法使用。所以我们最好选择手动对焦，将对焦模式切换到MF。

提高录音质量。一个视频中，声音是至关重要的。大多数单反相机的内置麦克风的收音效果并不理想，所以我们最好购买可以安装在热靴插槽上的麦克风，再配合使用相机内的手动录音功能，以大幅提升相机的录音质量。如果在户外进行视频录制，建议开启风声抑制功能，降低风噪。如果对录音的实时监听有较高的要求，建议购买带有耳机监听接口的相机，通过耳机实时监听录音效果。

↘ 8.5.3 网店视频拍摄的注意事项

保证商品洁净。在拍摄视频前，网店美工要确保商品洁净。对商品进行清理既要全面又不能损伤商品。清理的标准是一尘不染，即商品表面不能有任何灰尘、线头、手印等——它们在镜头下会非常明显。清理商品时网店美工需要戴上手套，用软布、软毛刷、清洁剂等仔细清理。

整理商品外观。如果商品过于松垮，建议在拍摄前进行整理，避免影响商品的拍摄效果。对商品进行整理需要发挥网店美工的审美优势，网店美工需要美化商品的外部曲线，使其具有独特的设计感与美感。

画面稳定很重要。一个好的视频可以获得较高的播放量，而制作一个好的视频最基础和最重要的一点就是保持画面稳定。如果画面明显晃动，给人的观感就会很差。网站美工可以利用防抖器材来保持画面稳定。例如以固定机位拍摄时，三脚架是最好的辅助工具。而在无法使用三脚架的情况下，网店美工要注意拍摄的动作和姿势，避免对动作进行大幅度调整。例如在移动拍摄的过程中，网店美工需要将手肘紧贴身体两侧，保持上身稳定，下身缓慢移动；在转动拍摄时，网店美工应以上身为旋转轴，尽量保持双手不动，这样拍摄出来的画面会更稳定。

好的构图是关键。视频与图片相比，一个是动态画面，一个是静止画面，动态画面实质上是由一个个静态画面连接起来形成的，二者在本质上没有区别。因此，网店美工可以学习一定的摄影构图知识，将其运用到视频拍摄中，使视频画面清晰、赏心悦目。

注意光线的运用。在拍摄视频时，好的光线可以为视频锦上添花，而太亮或者太暗的光线则会破坏视频画面的效果。如果镜头里的画面太亮或者太暗，那么可以改变商品的位置或重新找拍摄角度。拍摄过程中，网店美工要合理运用顺光、逆光、侧光等营造想要的拍摄画面。当场地的光线不足时，网店美工可以使用灯光设备进行补光。

合理运镜。拍摄时注意不要用同一个焦距、同一个姿势拍完全程，应让画面有一定的变化，可以通过推、拉镜头等操作来丰富画面。拍摄同一个场景时，网店美工可以从多个角度来拍摄，避免画面单调。

素养课堂

短视频时代，技术的发展大大降低了拍摄短视频的门槛。一些人拍摄短视频时，对传播规则的遵守意识较弱，随意性很强，拍摄的短视频可能存在不良内容、碎片化信息。因此，我们要树立正确的世界观、人生观、价值观，学会鉴别短视频的好坏。网店美工在制作网店视频时，也要通过正确的价值观打动消费者，拍摄的每一帧画面都要符合法律法规和公序良俗。

项目实践：拍摄迷你电热杯主图视频

明确网店视频拍摄的要求和技巧后，网店美工就可以进行实际的拍摄工作了。下面将以一款迷你电热杯的主图视频拍摄为例，介绍相关的拍摄脚本、拍摄场地、实际拍摄技巧等。

拍摄思路：

根据迷你电热杯的特点和使用场景进行拍摄。

① 这是为一款迷你电热杯拍摄的视频，属于功能型的描述类视频。

② 在自然光下拍摄整个视频，镜头很简单，运用中景和特写镜头让消费者清晰地了解到商品的全貌、特点、材质及使用方法。

③ 选择靠近较大窗户的一张办公桌，当射入室内的光线较强烈时，应在窗户上加上白色的窗帘以降低光线的强度，同时使用反光板为暗面适当补光；阴天时靠近窗户拍摄，光线效果一般会比较理想。

知识要点：

完成本例的操作，网店美工需要掌握以下知识。

① 掌握相机及配件的使用方法，根据拍摄要求准备合适的器材。

② 布置拍摄场景并掌握常用的布光方法。

③ 使用不同的景别和拍摄角度对商品进行表现。

操作步骤：

下面开始拍摄迷你电热杯主图视频，具体操作步骤如下。

步骤 01 编写拍摄脚本，如表 8-1 所示。拍摄脚本写好后，拍摄当天只需按照脚本制定好的每一个镜头保质、保量地拍摄即可。

表 8-1

镜头号	内容	景别	拍摄手法	拍摄角度	文案
1	展示水杯、勺子	中景	固定拍摄	平视角度	陶瓷杯体 热饮无异味
2	展示面板	中景近景	固定拍摄	平视角度	细腻钢化玻璃 安全防水
3	展示加热过程：用水壶将水缓缓倒入电热杯中，将电热杯放到面板上，面板开始自动加热；将电热杯拿走，面板自动断电	中景	固定拍摄	平视角度	重力感应 起杯断电
4	加热八宝粥、咖啡、牛奶等饮品，展示加热杯可以对多种不同的饮品进行加热	中景	固定拍摄	平视、俯视角度	百搭不挑杯子

步骤 02 准备拍摄器材（如单反相机、镜头、三脚架等）；准备道具，包括热水壶、八宝粥、咖啡、牛奶、图书等，这些也是视频的组成部分。

步骤 03 拍摄镜头 1。将杯盖放在桌子上，端起电热杯，一手拿勺子，一手拿电热杯，倾斜杯体，展示杯体釉面白净透彻，再旋转杯子，呈现其全貌，如图 8-14 所示。

图8-14

步骤 04 拍摄镜头 2。将电热杯端起并放到桌面上，将面板立起来展示，如图 8-15 所示。

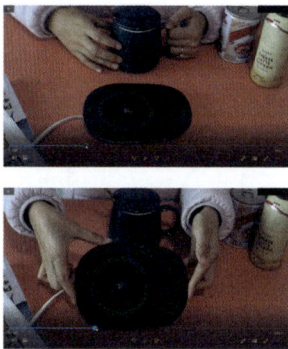

图8-15

步骤 05 拍摄镜头 3。展示完商品的外观后，就要展示商品的使用方法了。用水壶将水缓缓倒入电热杯中，将电热杯放到面板上，面板开始自动加热；将电热杯拿走，面板自动断电，如图 8-16 所示。

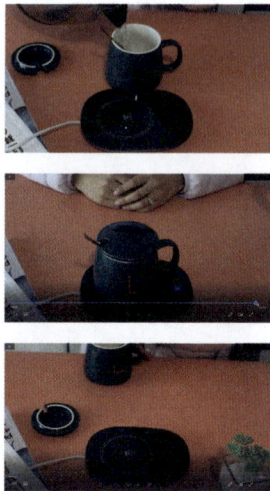

图8-16

步骤 06 拍摄镜头 4。依次加热八宝粥、咖啡、牛奶等不同的饮品，展示电热杯可以加热多种不同的饮品，拍摄八宝粥加热和咖啡加热采用俯拍，拍摄牛奶加热采用平拍，如图 8-17 所示。

图8-17

项目拓展：运动镜头

运动镜头是指通过移动摄像机，改变镜头光轴，或者变化焦距所拍摄到的镜头。在网店视频的拍摄中，摄影师常常通过运动镜头开拓画面的造型空间，创造出独特的视觉艺术效果，拍摄出画面感丰富的视频。运动镜头包括推镜头、拉镜头、摇镜头、移镜头、跟镜头等几种类别。

1. 推镜头

推镜头能形成从远到近的构图变化，它是指在主体位置不变的情况下，将相机向前缓缓移动或急速推进的镜头。随着相机的前推，景别逐渐从远景、中景变化为近景，甚至是特写，画面里的次要部分逐渐被推至画面之外，主体或局部细节逐渐放大，占满整个画面。

推镜头的主要作用是突出主体，使观看者的注意力集中，视觉感受得到增强。推镜头符合人们在实际生活中由远而近、从整体到局部、由全貌到细节地观察事物的一般规律。

2. 拉镜头

拉镜头与推镜头相反，它是指相机由近及远地向后移动，离开主体，取景范围由小变大，逐渐把陪体或环境纳入画面。拉镜头的过程中，主体由大变小，与观者的距离也逐步加大，景别上由特写或近、中景变成全景、远景。

拉镜头的主要作用是交代主体所处的环境，把主体重新纳入环境，提醒观者注意主体所处的环境或者主体与环境之间关系的变化。

3. 摇镜头

摇镜头时相机本身不移动，借助活动底盘使相机旋转进行拍摄。摇镜头的视觉效果犹如人们转动头部环顾四周或将视线由一点移向另一点。完整的摇镜头包括起幅、摇动、落幅3个部分，从起幅到落幅的过程迫使观看者不断调整自己的注意力。

左右摇镜头常用来介绍大场面，上下摇镜头常用来展示高大物体的雄伟、险峻，使用摇镜头逐一展示、逐渐扩展景物时，还能使观者产生身临其境的感觉。

4. 移镜头

移镜头，顾名思义就是移动相机，往往要借助一定的器械，或者直接让网店美工移动到主体前方、后方或者侧方进行拍摄。移镜头类似于人们在生活中边走边看的状态，因为镜头的移动，主体在生活中会呈现出位置不断变化的态势，充满动感。移镜头是最灵活的，但它会导致画面抖动，这时就要用到稳定器来控制。

移镜头通过相机的移动开拓了画面的造型空间，在表现大场面、大纵深、多景物、多层次的复杂场景时，能创造出独特的视觉艺术效果。

5. 跟镜头

跟镜头是指相机的拍摄方向与主体的运动方向成一定角度，且与主体保持等距离运动进行拍摄。跟镜头大致可以分为前跟、后跟（背跟）、侧跟3种情况。前跟是指从主体的正面拍摄，也就是摄影师倒退拍摄，背跟和侧跟是摄影师在主体背后或旁侧跟随拍摄的方式。跟镜头具有主体不变，背景不断变化的特征，主体在画面中的位置相对稳定，景别也相对稳定。镜头始终跟随运动着的主体，可以连续而详细地表现主体在运动过程中的动作和表情，既能突出运动中的主体，又能交代主体的运动方向、速度、体态，及其与环境的关系，使主体的运动保持连贯，有利于展示主体在运动过程中的精神面貌。

跟镜头与移镜头虽然从拍摄形式上看都有相机跟随主体运动这一特点，但二者有明显的区别，即有无明确的、固定的主体。跟镜头是一直跟随固定的主体拍摄的，主要表现的是主体；移镜头往往没有明确的主体，随着镜头的移动，所表现的内容不断更替，主体也不断变化，其更多的是表现空间环境。

思考与练习

网店美工拍摄出一个视频比较容易，但要拍摄出高质量的视频需要注意思考以下问题。

①如何抓住重点，吸引消费者的目光？

② 如何增强镜头表现力以烘托所拍摄视频的气氛？

一、选择题

1.拍摄商品视频时，通常将帧率设置为（　　　）。

A. 24帧/秒 　　　　　　B. 25帧/秒 　　　　　　　　C. 30帧/秒 　　　　　　　　D. 50帧/秒

2.以下（　　　）越大，画面越亮，背景虚化程度越大。

A. 光圈 　　　　　　B. 快门速度 　　　　C. 感光度 　　　　　　　D. 曝光模式

3.根据景别的远近排列，下列属于从远到近的是（　　　）。

A. 远景—中景—近景 　　　　　　B. 全景—远景—近景

C. 远景—特写—中景 　　　　　　D. 远景—中景—全景

二、填空题

1.网店中的视频类型主要有（　　　）和（　　　）两种。

2.按照相机与被摄体间的距离远近，景别常分为（　　　）、（　　　）、（　　　）、（　　　）和（　　　）；拍摄角度分为（　　　）、（　　　）和（　　　）。

3.运动镜头包括（　　　）、（　　　）、（　　　）、（　　　）、（　　　）等几种类别。

三、简答题

1.简述网店视频拍摄的技巧。

2.简述网店视频拍摄的流程。

四、操作题

1.选择一件物品，分别从各个角度对其进行拍摄，注意要有景别的变化。

2.选择一件物品，为其写一个拍摄脚本，并按照脚本拍摄一个时长为2分钟左右的视频。

项目 9

网店视频的后期制作

　　要创作出一个好的网店视频，不但要根据商品及网店的特色去精心策划、拍摄，还需要进行后期制作，这样才能更好地通过视频展示商品，并让视频与网店特色融为一体。本项目将详细介绍网店视频后期制作的方法。

⊙项目描述

　　拍摄好视频以后，网店美工需要对视频进行剪辑、调色、添加字幕、配音、制作特效等操作，把各个场景通过剪辑合成为一个完整的视频。常用的视频编辑软件有剪映、会声会影和Premiere等。因为使用Premiere编辑视频更加专业，所以本项目将用Premiere介绍网店视频的后期制作。

【课前预习】

预习课程	网店视频的后期制作
预习内容	1. 在网络中搜索并浏览网店视频后期制作的相关资料。 2. 阅读本项目内容，熟悉本项目的知识结构。 3. 阅读下面的案例并回答问题。 网店视频后期制作的误区 一般来说，几乎所有网店视频都需要经过后期的剪辑"包装"，才能更流畅、更有节奏，画面更有冲击力。为了引起消费者的注意，一些商家认为视频后期制作主要是添加特效，特效越"花"越好看。 思考：（1）你认为这些商家的观点对吗？ （2）网店视频后期制作需要注意哪些问题？
学习目标	1. 认识视频编辑软件 Premiere 2. 了解视频的制作流程 3. 了解视频剪辑与制作的原则和技巧
技能目标	1. 掌握 Premiere 的基本操作 2. 掌握主图视频的制作方法
素养目标	脚踏实地，刻苦钻研
预习时间	20 分钟

认识视频编辑软件Premiere

Adobe Premiere Pro（简称"Premiere"）是一款Adobe 公司研发的视频编辑软件，其主要功能包括剪辑视频、添加字幕、制作转场效果、调节音频、调整色彩等。本项目将以Adobe Premiere Pro 2020为例进行讲解。

Premiere的工作界面主要包括菜单栏、"源"面板、"节目"面板、"项目"面板、"工具"面板、"时间轴"面板等区域。熟悉这些区域的结构和基本功能，可以让操作更加快捷。导入素材并创建序列之后，在"编辑"工作区下，整个工作界面如图9-1所示。

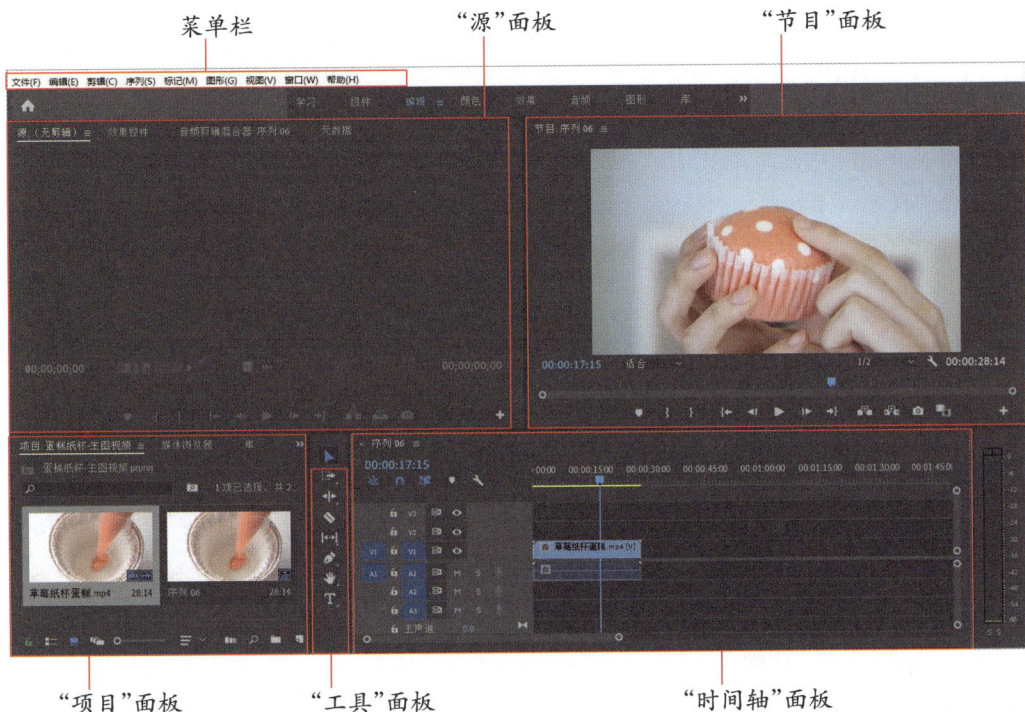

图9-1

9.1.1　菜单栏

Premiere的菜单栏包含9个菜单，基本整合了Premiere中的所有命令。单击某个菜单，即可打开相应的下拉菜单，每个下拉菜单中都包含多个命令，选择任一命令即可执行该命令。

9.1.2　"源"面板

"源"面板是原始素材的预览面板，双击"项目"面板中的素材之后，"源"面板会呈现出该素材的预览效果。

↘ 9.1.3 "节目"面板

"节目"面板是最终成片的预览面板，使用面板底部的播放控件或单击"时间轴"面板中的播放控件即可预览当前视频的效果。

↘ 9.1.4 "项目"面板

"项目"面板是用于存放导入素材的面板，在该面板内双击可以将素材导入，素材包括视频、音频、图片。

↘ 9.1.5 "工具"面板

"工具"面板主要用来对"时间轴"面板中的音频、视频等内容进行编辑。该面板中的常用工具有选择工具、向前选择轨道工具、波纹编辑工具、剃刀工具等。选择工具▶主要用于素材的选择及素材位置的调整；当需要对多段素材进行整体移动时，使用向前选择轨道工具➡选中一段视频后，从该段视频"向前"的所有视频片段都会被选中；如果要选择"向后"的全部视频片段，则可以使用向后选择轨道工具⬅，长按⬅图标就会出现该工具；使用波纹编辑工具↔拖拉素材可以更改素材的长度；剃刀工具◆用于视频和音频的剪辑；钢笔工具✎、矩形工具▭和椭圆工具◯主要用来绘制形状；文字工具T主要用来为视频添加字幕。

↘ 9.1.6 "时间轴"面板

编辑视频过程中的大部分操作都是在"时间轴"面板中完成的，该面板分为"视频轨道"和"音频轨道"两部分。"视频轨道"的表示方式是V1、V2、V3等，操作时可以添加多轨视频，如果需要增加轨道数量，则可以在轨道左侧上方空白处单击鼠标右键，然后在弹出的快捷菜单中选择"添加轨道"选项，在弹出的窗口中输入要添加的轨道数量；"音频轨道"的表示方式是A1、A2、A3等，也可以添加多轨音频，"音频轨道"的添加方式和"视频轨道"的添加方式相同。"时间轴"面板里面的素材可以是视频文件、静态图像、声音（音乐）文件、转场效果、文字等。

9.2 视频的制作流程

↘ 9.2.1 视频导入与捕获

将拍摄的视频、照片从相机或其他设备导入计算机中。

↘ 9.2.2 视频剪辑

将视频、照片导入Premiere中，对其进行排列、修剪、删除、复制与组接，最终形成一个流畅、完整的视频，这个过程就是视频剪辑，它是视频后期制作的重要步骤。

9.2.3　视频调色

视频剪辑完后需要对其进行调色，使其能更加吸引消费者的注意力，弥补前期拍摄过程中的不足。例如，前期拍摄中，各种原因导致的画面亮度不统一，后期就要对比进行调整。不同的色彩往往带有不同的情感倾向，视频中也一样，只有与商品主题相匹配的色彩才能正确地传达商品的内涵，因此调色对视频制作而言是一项重要操作，在很大程度上能够决定作品的品质。

9.2.4　添加转场与特效

一部完整的视频由多个场景组成，而每一个场景则由若干个镜头组成。场景的转换可以分为两种：一种是用镜头的自然过渡作为转场，另一种是用特技手段作为转场。用特技手段作为转场，通常就是通过视频编辑软件为视频添加转场或特效，使视频从一个场景平滑地切换到另外一个场景，这样衔接显得更加流畅自然。

9.2.5　添加音乐或旁白

一般而言，即使视频的画面再美，如果没有音乐或旁白的衬托，也会显得苍白无力。因此，在后期制作中，网店美工可以根据画面的风格为视频添加合适的音乐，还可以添加旁白以帮助消费者更好地理解商品的功能和使用方法。

9.2.6　添加字幕

为视频添加合适的说明文字，可以展现商品的关键信息，让消费者更加直观、清晰地了解商品。同时，字幕还可以加深观者对视频的理解和记忆。在使用Premiere进行视频制作时，可以使用软件自带的字幕模板或使用文字工具为视频添加字幕。

9.2.7　视频输出

视频制作完成后，就需要将视频输出为视频格式（网店视频通常为MP4格式），以便将视频分享到网店中。由于网店所在平台不同，其对视频格式的要求也可能会有所不同，因此要根据平台的视频上传要求进行视频输出。

9.3　视频剪辑与制作的原则和技巧

9.3.1　镜头组接

视频剪辑并不是将镜头素材掐头去尾地连接起来，也不是直接将镜头组接起来，否则剪辑出的视频往往会出现各种各样的问题，比如动作不连贯、时空不合理、剧情衔接缺少镜头、光影和色彩不衔接等。要想避免视频中出现这些不合理、不完善、不清楚的地方，网店美工就需要遵循视频剪辑与制作的原则，掌握相关的技巧。

镜头组接要符合逻辑。镜头的组接不是随意的，事物的发展有必然的规律，人们也习惯按这一规律去认识问题、思考问题。因此，镜头的组接要符合事物发展的规律，符合人们的认识和思维逻辑。

景别的过渡要自然、合理。在剪辑同一主体的两个相邻镜头时，要将镜头组接得合理、顺畅。景别必须有明显的变化，否则会让观者觉得画面跳帧。切忌同主体、同景别、同视角地直接组接，否则视频画面无明显变化，好像一个连续的镜头从中间被截去了一段。

动接动，静接静。如果画面中同一主体或不同主体的动作是连贯的，可以动作接动作，达到顺畅、简洁过渡的目的，我们将之简称为"动接动"。如果两个画面中的主体的动作是不连贯的，或者它们中间有停顿时，那么组接这两个镜头时，必须要在前一个画面的主体做完一个完整动作停下来后，再接一个以静止开始的运动镜头，这就是"静接静"。

镜头组接的影调、色彩统一。影调指光线的性质、强弱、投射方向等不同造成的影像画面具有明暗层次的差异。对于彩色画面来说，除了影调问题，还有可能出现色彩问题。无论是黑白画面还是彩色画面，组接时都应该保持影调、色彩统一。如果把明暗或者色彩对比强烈的两个镜头组接在一起（除了满足特殊的需要外），就会使人感觉画面生硬和不连贯，影响视频内容的顺畅表达。

镜头组接的时间长度。每个镜头的时间长度，首先是根据要表达的内容的难易程度、观者的接受能力来决定的，其次还要考虑画面构图等因素。由于画面中包含的内容不同，远景、中景等的画面包含的内容较多，观者需要看清楚这些画面上的内容，所需要的时间就相对长些，而近景、特写等的画面，其所包含的内容较少，观者只需要较短时间就可看清，所以画面的停留时间可短些。另外，一个或者一组画面中的其他因素，也会对画面的停留时间起到制约作用。一个画面中，亮度高的部分比亮度低的部分更能引起人们的注意。因此如果该画面要表现亮的部分，停留时间应该短一些，如果该画面要表现暗的部分，则停留时间应该长一些。在同一幅画面中，动的部分比静的部分更能引起人们的注意。因此如果要重点表现动的部分，画面的停留时间要短一些；如果要重点表现静的部分，则画面的停留时间应该稍微长一些。

↘ 9.3.2 画面转场

为了使视频内容条理性更强、层次更清晰、衔接更自然，在进行场景与场景的转换时，需要运用一定的手法——转场。画面转场的方法多种多样，归纳起来主要有以下几种。

淡出淡入。淡出淡入也称"渐隐渐显"，淡出是指上一段落最后一个镜头的画面逐渐隐去直至黑场，淡入是指下一段落第一个镜头的画面逐渐显现直至呈现正常的亮度。

淡出淡入往往给观者一种间歇、新的场景即将出现的感觉，一般用于大段落间的转换，指明将有一个大的中断，让观者有时间去品味，或者为下面内容的出现做好心理上的准备，或者对刚看到的内容进行一番思考。它也是切入新场景比较常用的一种转场方法。

叠化转场。叠化也称"化出""化入""溶化"，指前一个镜头的画面与后一个镜头的画面相叠加，前一个镜头的画面逐渐隐去，同时后一个镜头的画面逐渐显现。根据表现内容的需要，叠化的速度可快可慢。叠化具有柔和、自然的特点，一般可用于较为缓慢、柔和的时空转换。比如要表现一段抒情的舞蹈动作，不能将舞蹈者一连串的动作从一个镜头切到另一个镜头，否则不利于表现舒缓的节奏。如果采用叠化转场，两个镜头的重叠部分能够呈现柔和、舒缓的效果。

叠化主要有以下几种用途。一是用于时间的转换，表示时间的消逝，常用于组接人物的回忆、季节的更替等。比如，两个画面都是手表的特写，手表的时针在前一个画面中指向6，在后一个画面中指向12，前一个画面渐渐融入后一个画面，自然而美妙地反映了时间的跨度。二是用于空间的转换，表示空间已发生变化。三是表现梦境、想象、回忆等插叙、回叙的内容。四是表现景物变幻莫测、令人目不暇接。

划像转场。划像可分为"划出"和"划入"两种。划出即前一个画面从某一个方向退出画框，空出的地方则由叠放在"底部"的后一个画面填充；划入则是前一个画面作为衬底在画框中不动，后一个画面由某一方向进入画框，取代前一个画面。

划像具有间隔两个场景的作用，能使段落之间的转换比较明显、节奏明快，其效果与叠化的效果相反。因为划像的效果非常明显，所以其一般用于较大的段落之间的场景转换。随着特技手段及各种后期软件的不断开发，划像的方式已经达到上百种，除了上、下、左、右各个不同方向的划像之外，还有星形、圆形等几何图形的划像。但划像图形的选择要注意贴合视频的内容、风格。追求过于花哨的效果，或者滥用划像图形，结果会适得其反。

翻转。翻转指画面翻过后即是另一个场景。翻转画面可以使场景的转换被明确地表现出来，多用于衔接内容、意义上反差较大的对比性场景，前一个画面是低矮的平房，翻转过来变成高楼大厦。翻转画面还常用于文艺、体育活动视频的剪辑，可以表现多个场景的文艺演出、体育赛事等。运用这种技巧组接镜头可使视频活泼、节奏明快。再如文艺晚会的录像，为了在片头用最短的时间向观者展示演员的阵容、实力，翻转方法是最适宜的。

闪白加快转场。闪白加快转场有掩盖镜头剪辑点的作用，还能增强视觉上的跳动感，就像产生了光学变化，让画面看起来不单调。同理，闪黑也可以先让暗部"涌"出来。

定格。定格是将画面中运动的主体突然变成静止状态，使人产生瞬间的视觉停顿，从而强调某一主体形象，或强调某一细节的含义，定格结束后，画面自然转入下一个场景。定格多用于差别较大、不同主题段落间的转换，或用于连续性短视频的片尾。由于定格能使画面由动变静，会给观者带来较强的视觉冲击，所以一般很少用到。

多画屏分割转场。这种方法有多画屏、多画面、多画格和多银幕等多种叫法，是近代影片影视艺术中的新手法。它能把屏幕一分为多，可以使双重或多重的情节齐头并进，大大压缩了视频时长，非常适用于短视频开场、广告创意等。

素养课堂

任何一门技能的习得都必须经过刻苦钻研，学习时要有勤学的精神，脚踏实地，一点一滴地积累，这是一个漫长而艰辛的过程，绝非一日之功，也没有捷径。比如，在学习使用Premiere进行视频编辑的过程中，一定要克服畏难情绪，敢于迎接挑战，不能仅限于掌握基础知识，要最大限度地调动学习情绪，多看、多练习，才能掌握并熟练使用Premiere，从而体会到成功后的幸福感和成就感。

项目实践：后期制作迷你电热杯主图视频

视频拍摄完成后，需要对视频进行后期制作，以弥补视频拍摄过程中的不足，使视频更加吸引消费者的注意力。本例以制作迷你电热杯的主图视频为例，讲解使用Premiere进行视频后期制作的过程。

微课视频

设计思路：

根据迷你电热杯的特点进行视频制作。

① 在制作时要将电热杯的使用场景及氛围体现出来。

② 通过文字介绍电热杯的卖点，然后添加音乐，增加视频的趣味。

知识要点：

完成本例的操作，网店美工需要掌握以下知识。

① 在Premiere中新建项目、导入素材、新建序列。

② 通过给视频变速，达到某种独特的视觉效果。

③ 掌握视频调色的方法。

④ 掌握给视频添加字幕的方法。

⑤ 添加音频，并对音频进行剪辑和过渡操作。

操作步骤：

下面我们将制作迷你电热杯的主图视频，具体操作步骤如下。

步骤 01 新建项目。打开 Premiere，在"主页"窗口中单击"新建项目"按钮，如图 9-2 所示。

图9-2

步骤 02 弹出"新建项目"对话框，在"名称"文本框中输入"迷你电热杯 - 主图"，如图 9-3 所示。单击"浏览"按钮，设置项目的保存位置，其余选项保持默认设置，单击"确定"按钮。

步骤 03 导入素材。双击"导入媒体以开始"区域，如图 9-4 所示。在弹出的"导入"对话框中，选中需要导入的素材，单击"打开"按钮，

如图 9-5 所示，即可导入素材到"项目"面板。

步骤 04 新建序列。单击"项目"面板右下角的"新建项"按钮 ，在打开的下拉列表中选择"序列"选项，如图 9-6 所示。弹出"新建序列"对话框，在该对话框中设置视频的参数，如时基、帧大小、像素长宽比、音频采样率等。

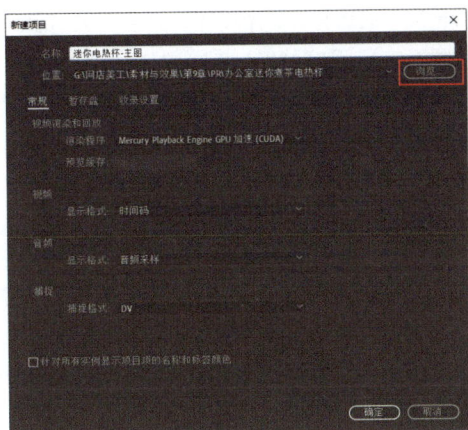

图9-3

图9-4

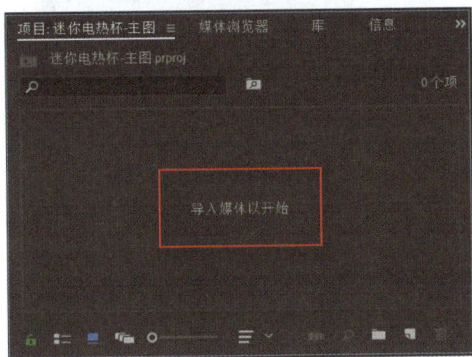

图9-5

步骤 05 在"新建序列"对话框中单击"设置"选项卡，将"编辑模式"设置为"自定义"，此时就可以根据需要自定义设置，如将"时基"设置为"25.00 帧 / 秒"，水平方向的"帧大小"设置为"1920"像素，垂直方向的"帧大小"

设置为"1080"像素，"像素长宽比"设置为"方形像素（1.0）"，其他参数保持默认设置，单击"确定"按钮，如图9-7所示，即可创建新的序列，并在"时间轴"面板中打开该序列。

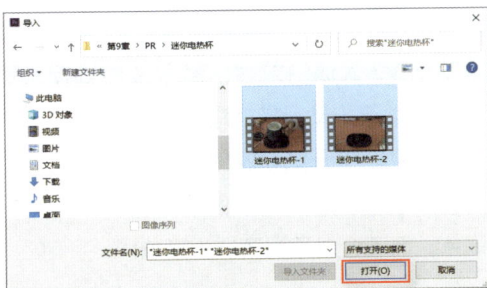

图9-6

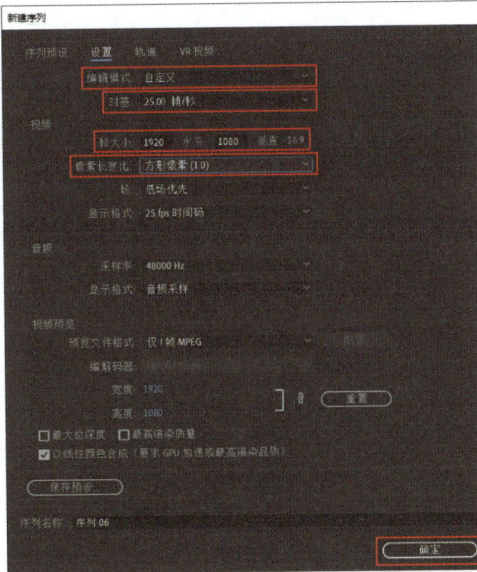

图9-7

步骤 06 为视频调速。选中导入的两段视频素材并将它们拖入"时间轴"面板，此时如果发现视频的总长度超过了60s，可以通过裁剪画面或对视频进行加速处理来调整视频的长度。在"时间轴"面板里选中视频素材，单击鼠标右键，在弹出的快捷菜单中选择"速度 / 持续时间 ..."选项，如图9-8所示；在弹出的"剪辑速度/持续时间"对话框中调整速度数值（视频速度的初始值为100%，数值越小，速度越慢；反之，数值越大，速度越快），然后单击"确定"按钮即可调整视频的长度。设置第一段视频的"速度"为"120%"，设置第二段视频的"速度"为"150%"，如图9-9和图9-10所示。调整后，我们可以看到视频的长度变短了，如图9-11所示。

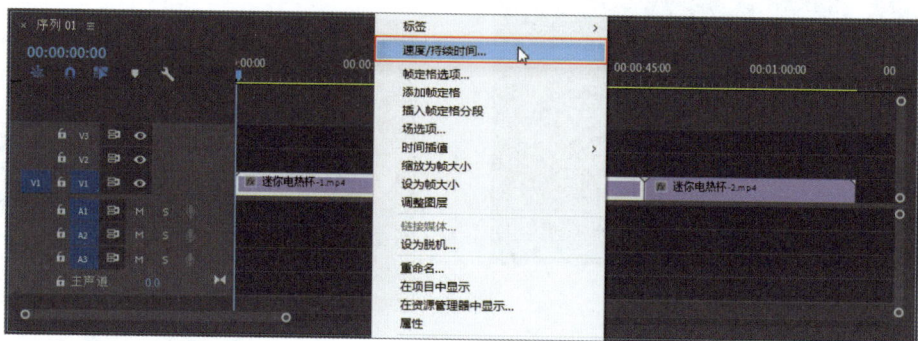

图9-8

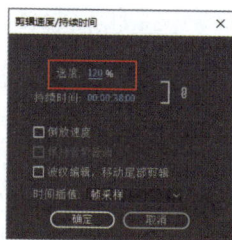

图9-9

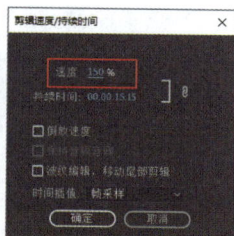

图9-10

图9-11

步骤 07 为视频调色。单击"项目"面板右下角的"新建项"按钮 ，在打开的下拉列表中选择"调整图层"选项，如图9-12所示。弹出"调整图层"对话框，如图9-13所示，单击"确定"按钮。

步骤 08 按住鼠标左键不放，将"调整图层"拖至V2轨道，松开鼠标左键。将鼠标指针移动到V2轨道的末端，然后按住鼠标左键不放并进行拖动，将轨道调至与视频素材同样的长度，松开鼠标左键，如图9-14所示。此时，便可以在"调整图层"上对视频进行调色，而不会对原视频产生影响。

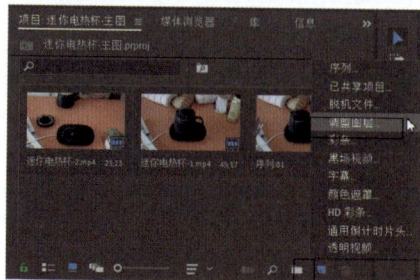

图9-12

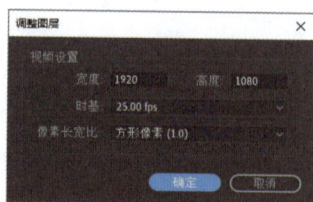

图9-13

图9-14

步骤 09 在 Premiere 工作界面上方选择"颜色"选项，切换到"颜色"工作区，此时窗口右侧就会显示"Lumetri 颜色"面板，其中包含"基本校正""创意""曲线""色轮和匹配"等调色选项组，如图 9-15 所示，单击任一选项组即可对该选项组内的各个参数进行设置。本例调整视频色彩的参数设置如图 9-16 所示，调色前后的对比效果如图 9-17 所示。

图9-15

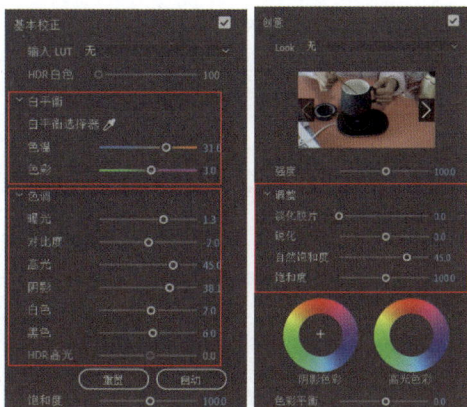

调色前

调色后

图9-16　　　　　　　　　　图9-17

步骤 10 使用字幕模板为视频添加字幕。在 Premiere 工作界面窗口上方选择"图形"选项，切换到"图形"工作区，单击"基本图形"面板中的"浏览"选项卡，可以看到软件自带的字幕模板，按住鼠标左键拖动右侧的滑动条，选择一款合适的字幕模板，并将其拖入 V3 轨道，如图 9-18 所示。

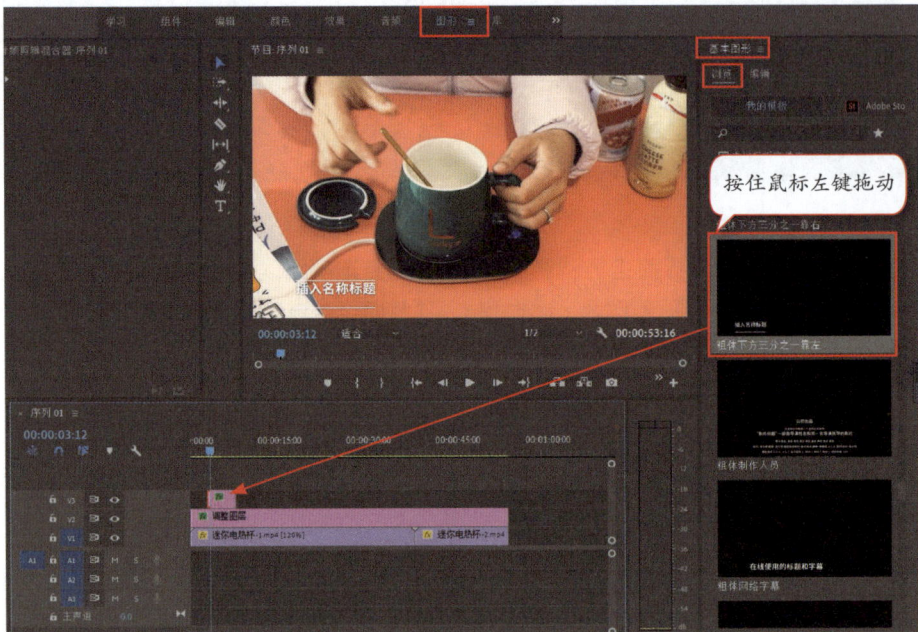

图9-18

步骤 11 选择文字工具 **T**，将鼠标指针移动到 "节目" 面板中的文字上方，按 "Ctrl+A" 组合键全选模板中的文字，输入 "陶瓷杯体热饮无异味"，拖动时间指示器查看画面，然后调整文字的位置和持续时间，使文字与画面更匹配，如图 9-19 所示。

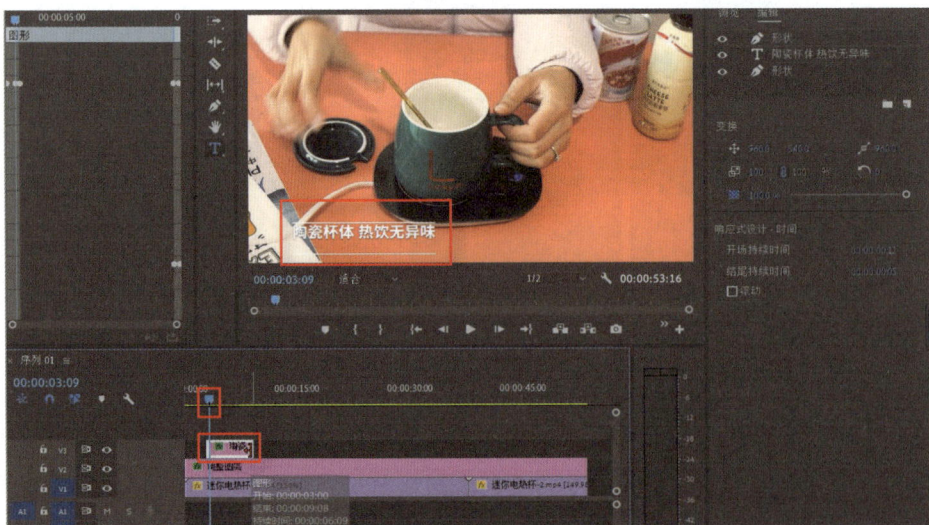

图9-19

步骤 12 复制字幕。选中 V3 轨道中的字幕，按住"Alt"键向右拖动，即可复制该字幕，如图 9-20 所示。输入"细腻钢化玻璃 安全防水"，然后调整文字的位置和持续时间，如图 9-21 所示。按相同的方法，将其他文字添加到视频中。

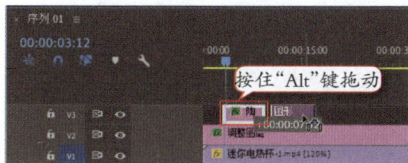

图9-20

步骤 13 添加音频。将素材文件音频"1"导入"项目"面板，然后将其拖入"时间轴"

面板的 A1 轨道。当前音频轨道的长度超过了视频轨道的长度，如图 9-22 所示，因此需要将音频的多余部分剪掉。

步骤 14 裁剪音频。选择剃刀工具，在与视频轨道末端齐平的位置单击，此时音频被分为两段，如图 9-23 所示。选择选择工具，选中最后一段音频，按"Delete"键删除，如图 9-24 所示。

小提示

在对视频进行编辑时，通常需要将效果不理想的视频部分裁剪掉。在 Premiere 中裁剪视频的方法与裁剪音频的方法相同。

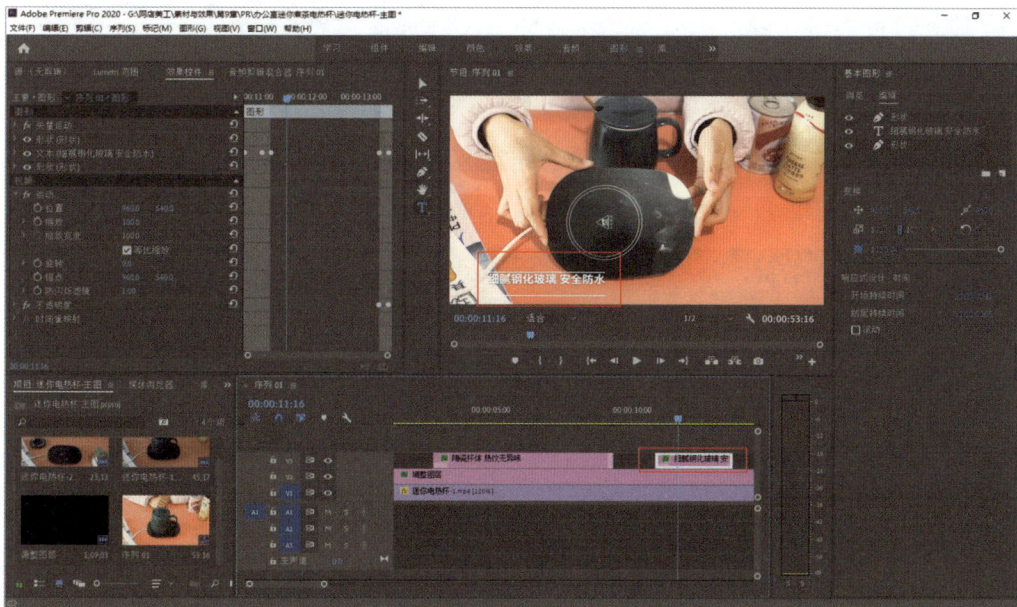

图9-21

步骤 15 为音频设置过渡效果。打开"效果"面板，在"音频过渡"下拉列表中选择"交叉淡化" > "恒定功率"命令，并将它拖到音频

轨道的末端，如图 9-25 所示。这样处理会让音频过渡自然，不会给人突兀的感觉。

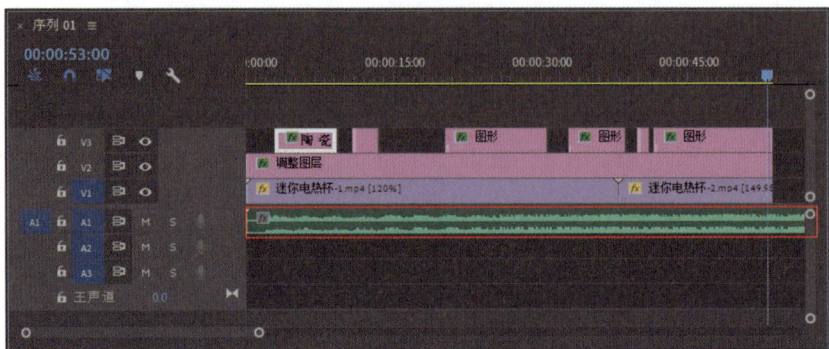

图9-22

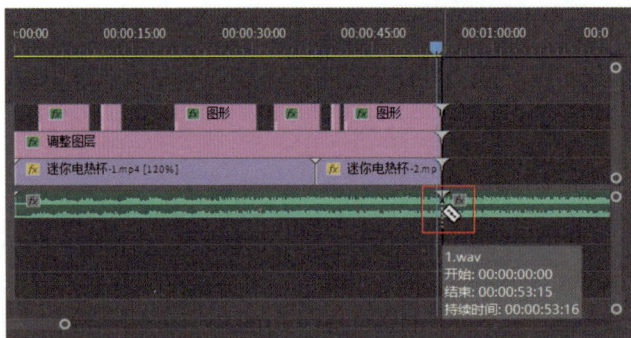

图9-23

图9-24

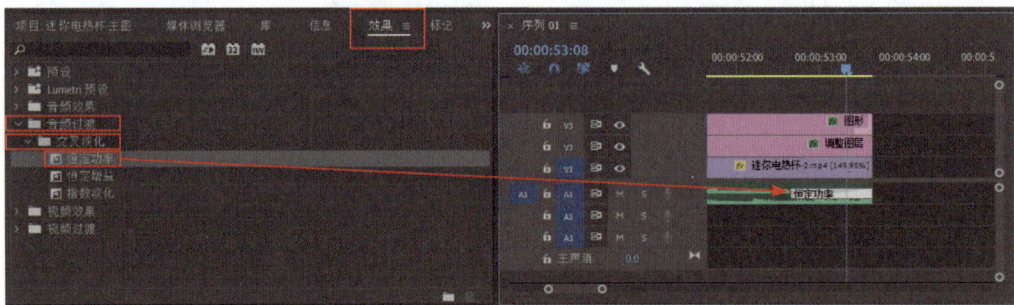

图9-25

步骤 16 导出视频。选择菜单栏中的"文件">"保存"命令，保存项目。然后选择菜单栏中的"文件">"导出">"媒体"命令，弹出"导出设置"对话框，在"格式"下拉列表中选择"H.264"选项，即保存为MP4格式；单击"输出名称"右侧的文件名，如图9-26所示，弹出"另存为"对话框，选择视频的储存位置，单击"保存"按钮，设置完视频储存位置后，在"导出设置"对话框中单击"导出"按钮。

图9-26

项目拓展：手机视频剪辑 App

对于一些简单的、要求不高的视频，可以使用手机视频剪辑App进行制作。下面推荐两款简单、能快速上手的手机视频剪辑App。

剪映。剪映是抖音官方推出的一款手机视频制作软件，有多种剪辑功能，不仅支持对视频变速、添加多样滤镜效果，而且模板及背景音乐曲库很丰富，操作起来也很方便，其界面如图9-27所示。

快影。快影是快手推出的一款快速制作视频的软件，拥有智能语音识别功能，能快速识别视频中的语音并将其转为字幕加入视频，还可以制作分屏视频，功能非常多，和剪映很接近，其界面如图9-28所示。

图9-27

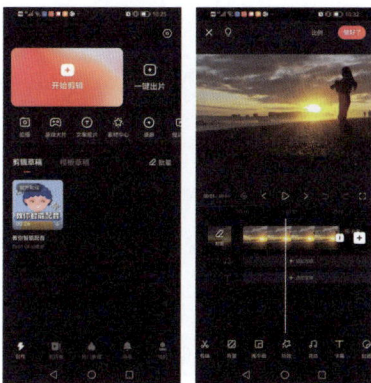

图9-28

思考与练习

　　想要制出好的视频，保证视频的质量很重要；想要获得更多流量，视频的内容需要有一定的可看性。要做到这些，网店美工需要思考以下问题。

　　① 进行视频后期制作需要做哪些工作？

　　② 进行视频剪辑与调色时需要注意哪些事项？

一、选择题

1. （　　）不是视频编辑软件。

A. 剪映　　　　　　　B. 会声会影　　　　　　　C. Premiere　　　　　　　D. Illustrator

2. （　　）可以对视频进行裁剪。

A. 选择工具　　　　　　　　　B. 向前选择轨道工具

C. 向后选择轨道工具　　　　　D. 剃刀工具

3. 让音频过渡自然，不会给人突兀的感觉，可以用（　　）进行处理。

A. 音频效果　　　　　　B. 音频过渡　　　　　　C. 视频效果　　　　　　D. 视频过渡

二、填空题

1. 视频拍摄好以后，网店美工需要对视频进行（　　）、（　　）、（　　）、（　　）、（　　）等操作，把各个场景通过剪辑合成一个完整的视频。

2. 网店视频制作中，常用的视频编辑软件有（　　）、（　　）和（　　）等。

3. 在Premiere中为视频添加字幕时需要使用（　　）。

三、简答题

1. 简述视频剪辑需要注意的问题。

2. 简述制作视频的基本流程。

四、操作题

1. 使用Premiere对视频（习题素材与答案\项目9\美食）进行剪辑，只保留视频中的覆盆子蛋糕。

2. 制作纸杯蛋糕的主图视频（习题素材与答案\项目9\纸杯蛋糕），使用Premiere为视频添加音乐、字幕和转场特效。

项目 **10**

综合练习

经过前面的学习，读者对网店美工需要掌握的知识已经有了一定的了解。为了加深读者对前面所学知识的印象，本项目将以综合案例的形式对一个童装网店的页面进行设计。

⊙项目描述

本项目将介绍一个综合案例——童装网店页面设计。在设计前，读者可以参考同类型的优秀网店页面来获取灵感，然后根据自身网店的消费群体和商品特点来搜集相关素材，规划好设计思路和要展示的模块。

进行网店设计时，网店美工主要需要对店招和导航栏、海报、主图和详情页等进行设计与制作。

【课前预习】

预习课程	综合练习
预习内容	1. 挑选自己喜欢的网店（淘宝、京东、唯品会等平台均可），鉴赏其整体页面设计，分析其色彩搭配、文案内容、页面布局的优缺点。 2. 阅读本项目内容，熟悉本项目的知识结构。 3. 阅读下面的案例并回答问题。 网店整体页面设计，要注意整体搭配 小王刚入职网店美工设计岗位，接到一个网店整体装修设计的工作，为了得到客户的认可，他精心设计每个页面，设计后每个页面单独看都不错，但整体来看没有亮点、字体不统一、颜色比较"花"，显得杂乱。 思考：网店美工如何设计才能保证所有页面的设计风格统一？
学习目标	1. 运用网店视觉设计基础知识和色彩搭配技巧，对网店进行设计 2. 了解服装类网店的设计方法
技能目标	1. 掌握网店的整体装修和视觉设计的方法 2. 掌握上传图片到素材中心的方法
素养目标	学会自我整理，养成良好习惯
预习时间	20 分钟

10.1　服装类网店分析

服装类网店比较常见，在设计这类网店时，网店美工需要抓住商品的重要特征，如服装类网店需要重点体现商品的外观、风格、质感和舒适度等。

服装类网店的常见分类有男装网店、女装网店、童装网店等，每一类网店的服装种类繁多、材质不同、风格多样。在实际工作中，网店美工不仅需要根据服装种类确定网店风格，还需要快速抓住流行趋势，设计出符合市场需求的各类页面。

10.2　版式布局与配色分析

10.2.1　版式布局

网店布局的成功与否，直接决定了消费者能否在第一时间浏览商品或产生购买的想法。网店布局不是盲目的堆砌，如果主次混乱，则不利于消费者浏览。因此，网店美工要根据自己网店的风格，对商品、促销活动分门别类地进行清晰的布局。网店美工可以通过以下方法来优化版式布局设计。

构思结构。网店美工在前期构思页面的版式时，需要对网店进行一定的了解，了解网店的客户需求、网店的定位、消费群体等多方面信息。

绘制草图。在进行排版设计前，网店美工可以对网页进行简单布局，绘制好草图，这样做可以缩短后续排版的时间。本例中，网店首页布局的大框架就是页面顶部为店招、导航栏和海报，下方显示网店的商品内容，整体结构类似于英文字母"T"。这种布局的优点是页面结构清晰、主次分明。本例的童装网店首页草图如图10-1所示。

完善结构。在草图的基础上，网店美工将商品图片、文字等元素编排到页面上。安排各个模块时，网店美工必须做到突出重点，遵循平衡的原则，还可以添加素材美化和完善各个模块。

细节优化。细节优化主要是对版面中的元素进行修饰，如调整局部颜色、修改字体、文字间距等。本例的童装网店首页设计效果如图10-2所示。

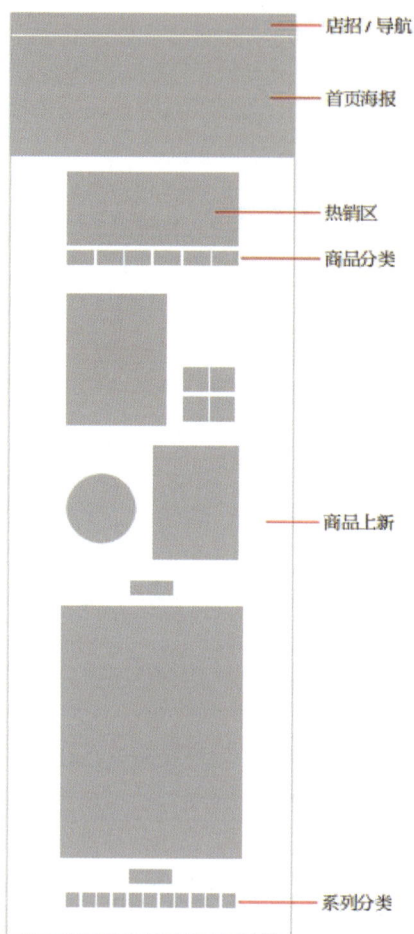

图10-1

图10-2

↘ 10.2.2 配色分析

在进行网店页面设计之前，网店美工首先要了解网店的定位、主要消费群体等基本信息才能进行配色分析，对于服饰鞋履等季节性较强的商品，还应根据季节使用相应的颜色，然后再根据这些信息选择主色系。

本例的童装网店首页使用蓝色作为主色调，由此营造出一种可爱、活泼的感觉。儿童服装通常采用高明度、高纯度的色彩以保证其整体效果，因此，页面配色上采用浅灰为底色，更突出商品，文字使用黑色，黑色是版面安稳的重要因素，黑色与浅色形成视觉冲击力，使文字清楚明了。背景颜色使用白色，使整个页面的色彩搭配协调统一。在对海报的设计中，还使用了较为鲜艳的多种颜色进行点缀，赋予了海报生机勃勃的感觉。童装网店首页设计元素配色如图10-3所示。

主色、辅助色　　　　　　　　　　　　　　　点缀色

图10-3

　　人们提到某一类商品，往往会想到它的造型和色彩，所以色彩作为设计的一个重要元素，通常用来传达商品的某些信息。网店美工在运用色彩进行网店页面设计时，应该从商品的外观、市场定位、卖点等多个方面来考虑。

　　本项目将为一件女童连衣裙进行主图和详情页的设计制作。设计时，网店美工要使用与粉色连衣裙颜色相近的粉色为主色调，既和商品相呼应，又可以营造出轻松、快乐的氛围。主图设计效果如图10-4所示，详情页设计效果如图10-5所示。

图10-4

图10-5

素养课堂

　　想要高效地学习，就必须养成一些好习惯，工作亦是如此。养成良好的习惯对每个人来说都非常有益。良好使用Photoshop 的习惯如下：创建或修改文件后，要及时地保存；养成使用快捷键的习惯，有利于提高工作效率；对于制作好的文件，尽量保存一份PSD格式的，便于以后修改；对文件规范命名，将文件存储在合理的位置，方便查询文件；删除计算机中不需要的文件，使计算机可以高效运行。这些环节用时不多，但能帮助我们养成做事一丝不苟、有始有终的习惯。

项目实践：童装网店页面设计

　　下面将以 "童萌贝比官方旗舰店"为例，讲解该网店主要模块的设计方法，如店招、海报，以及网店内的一款商品的主图和详情页。

1．制作店招

店招的风格引导着整个网店的风格，因为童装网店的目标群体主要是小孩，所以可以将店招设计成小孩喜爱的风格，如配搭一些小孩喜爱的装饰，设计成卡通风格，效果如图10-6所示。

微课视频

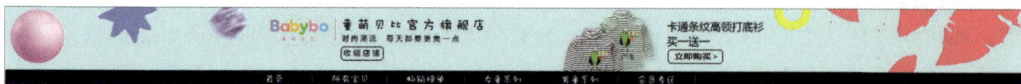

图10-6

设计思路：

在制作童装网店的店招时，网店美工可以从下面几个方面进行设计。

① 本例在设计店招时，先添加店名和Logo，然后对促销商品进行设计和编辑，最后制作导航栏。

② 文案可以选用活泼可爱的字体，店招可以用小孩喜爱的浅粉色、浅绿色、浅蓝色等色彩。

知识要点：

完成本例的操作，网店美工需要掌握以下知识。

① 使用参考线辅助排版。

② 使用直线工具、圆角矩形工具、矩形工具绘制形状。

③ 利用横排文字工具，设置文本格式，输入文本。

操作步骤：

下面制作童装网店的店招，具体操作步骤如下。

步骤 01 新建文件并划分版面。新建大小为1920像素×150像素、"分辨率"为"72像素/英寸"、"颜色模式"为"RGB颜色"、名为"童装网店店招"的文件。选择菜单栏中的"视图">"新建参考线"命令，在弹出的对话框中选择"水平"单选项，输入"120像素"，在水平方向添加一条参考线，作为店招和导航栏的分界线；在垂直方向左右两边各485像素处添加一条参考线，确定主体内容的位置，避免因设备分辨率的不同而使内容不能完全显示。

步骤 02 添加Logo。将素材文件"Logo"添加到文件中，选择直线工具 ，在Logo的右侧绘制大小为1像素×45像素的竖线，如图10-7所示。

步骤 03 输入店名和品牌宣传语。选择横排文字工具 T ，在工具选项栏中设置字体为"华康娃娃体W5（P）"，字号为"25点"，字距为"295"，颜色为黑色，输入店名"童萌贝比官方旗舰店"；输入品牌宣传语，设置字体为"微软雅黑"，字号为"14点"，效果如图10-8所示。

图10-7

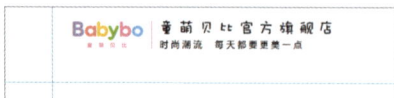

图10-8

步骤 04 制作店铺收藏图标。选择圆角矩形工具 ⬜，在工具选项栏中设置"填充"为无，"描边"为黑色，描边宽度为"1 像素"，"半径"为"6 像素"，绘制大小为 80 像素 ×25 像素的圆角矩形；选择横排文字工具 T，在工具选项栏中设置字体为"微软雅黑"，字号为"14点"，颜色为黑色，在圆角矩形中输入"收藏店铺"，效果如图 10-9 所示。

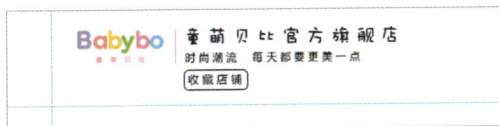

图10-9

步骤 05 添加促销商品及文案。将素材文件"打底衫"添加到文件中，选择横排文字工具 T，在工具选项栏中设置字体为"微软雅黑"，字号为"20 点"，颜色为黑色，输入"卡通条纹高领打底衫"，按相同的方法再输入"买一送一"，效果如图 10-10 所示。

步骤 06 选中圆角矩形及其上方文字，按住"Alt"键拖动并复制，将文字替换成"立即购买 >"，使用"变换"命令将圆角矩形拉长，效果如图 10-11 所示。

图10-10

图10-11

步骤 07 选中背景图层，设置前景色为浅绿色（色值为"R208 G248 B241"），按"Alt+Delete"组合键进行填充，效果如图 10-12 所示。

步骤 08 制作导航栏。选择矩形工具 ⬜，在工具选项栏中设置"填充"为黑色，绘制大小为 1920 像素 ×30 像素的矩形，效果如图 10-13 所示。

步骤 09 选择横排文字工具 T，在工具选项栏中设置字体为"华康娃娃体 W5（P）"，字号为"18 点"，颜色为白色，依次输入"首页""所有宝贝""畅销榜单""女童系列""男童系列""会员专区"；选择直线工具 ╱，在各个类别之间绘制白色竖线，完成导航栏的制作。将素材文件"图形 1"至"图形 5"添加到文件中，调整为合适的大小并放至合适的位置，丰富画面效果，完成店招的制作，如图 10-14 所示。

图10-12

图10-13

图10-14

2. 制作海报

本例以女童服装促销为主题制作海报，效果如图10-15所示。在制作海报时，字体的运用、配色方案要符合主题，且画面风格要与店招统一。

图10-15

设计思路：

在制作童装网店的海报时，网店美工可以从下面几个方面进行设计。

① 以促销为主题制作海报，围绕该主题提炼文字，将文字放在海报的视觉中心，突出促销内容，吸引消费者的注意力。

② 添加促销商品图片，使海报更直观。

③ 根据商品和活动文案选择合适的背景。

知识要点：

完成本例的操作，网店美工需要掌握以下知识。

① 利用横排文字工具，设置文本格式，输入文本。

② 为文字添加图层样式，突出文字，丰富画面效果。

③ 使用画笔工具为画面添加颜色，丰富画面效果。

操作步骤：

下面制作童装网店的海报，具体操作步骤如下。

步骤 01 新建文件。新建大小为1920像素×900像素、"分辨率"为"72像素/英寸"、"颜色模式"为"RGB颜色"、名为"童装网店海报"的文件。

步骤 02 输入主题文字。选中背景图层，设置前景色为浅蓝色（色值为"R151 G190 B233"），按"Alt+Delete"组合键进行填充。选择横排文字工具，在画面中输入"梦想"，设置字体为"方正粗圆简体"，字号为"227点"，并为该文字添加"斜面和浮雕""渐变叠加""投影"效果；复制该文字，将文字替换为"萌舞台"，设置字号为"156点"，然后删除该文字的"渐变叠加"效果。图层样式的参数设置如图 10-16 ~ 图10-18所示，效果如图10-19所示。

步骤 03 输入促销活动文字内容。将素材文件"形状 1"添加到文件中，按"Ctrl+J"组合键复制，将颜色更改为绿色（色值为"R93 G193 B155"）。选择横排文字工具 **T.**，在"形状 1"的上层输入"童装"，设置字体为"方正兰亭中黑简体"，字号为"60点"，颜色为粉色（色值为"R251 G110 B153"）；按"Ctrl+J"组合键复制文字,将文字替换为"2 折起",设置字号为"44点";输入"包邮",设置字体为"方正兰亭中黑简体",字号为"21 点",颜色为绿色(色值为"R7 G141 B89"),效果如图 10-20 所示。

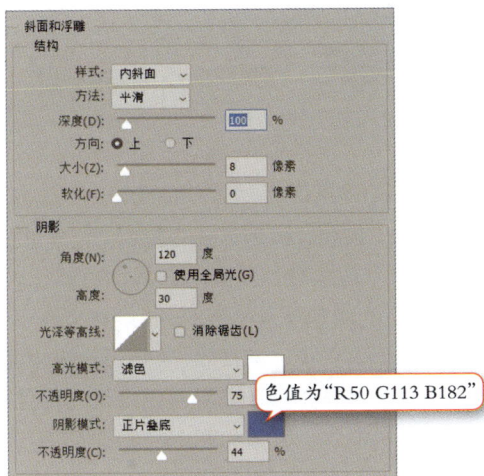

图10-16

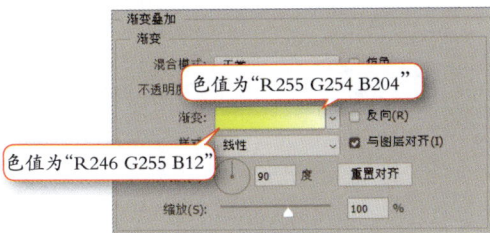

图10-17

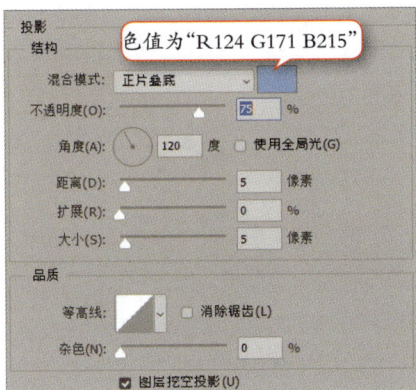

图10-18

图10-19

图10-20

步骤 04 输入"活动时间:12月10日~12日",设置字体为"方正兰亭黑简体",字号为"23点",颜色为绿色(色值为"R7 G141 B89")。选择圆角矩形工具 ▢,在文字的下层绘制一个圆角矩形,设置"填充"为渐变黄色,"半径"为"6 像素",并为该形状添加"投影"效果,投影参数设置如图 10-21 所示,效果如图 10-22 所示。

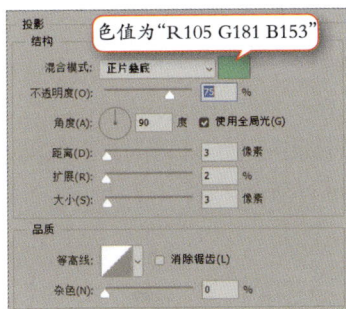

图10-21

步骤 05 添加促销商品图片。将素材文件"裙子 1""裙子 2""裙子 3"添加到文件中,调整为合适的大小并移动至恰当的位置,效果如图 10-23 所示。

图10-22

图10-23

步骤 06 将素材文件"云朵"添加到文件中，并移动到海报的下方。将素材文件"形状2"添加到文件中，然后在它的上层输入"公主"，设置字体为"方正卡通简体"，字号为"44.5点"，颜色为白色；按"Ctrl+J"组合键复制该文字，将文字替换为"3 ～ 8岁"，设置字号为"31点"。将素材文件"小公主"添加到文件中，并移动到"形状2"的左侧，然后选择矩形选框工具，框选图案右侧的花

纹，选择移动工具，将花纹移动至"形状2"的右侧，效果如图10-24所示。

图10-24

步骤 07 在背景图层的上方新建一个图层，选择画笔工具，设置笔尖"硬度"为"0%"，在背景上添加浅绿色，然后在浅绿色的上方绘制浅蓝色，增加背景的层次。将素材文件"卡通"添加到文件中，按3次"Ctrl+J"组合键复制图案，并分别移动到画面中合适的位置，完成海报的制作，效果如图10-25所示。

图10-25

3．制作主图

服装类主图一般侧重于展示服装的外观，不需要过多的设计。制作时通常用第一张主图展示促销内容，其他主图可以用于展示服装的细节，也可以用于展示服装的多个颜色。本例为女童连衣裙制作主图，效果如图10-26所示。

微课视频

图10-26

设计思路：

在制作女童连衣裙主图时，网店美工可以从下面几个方面进行设计。

① 第一张主图主要用于展示促销内容，在画面左上方放置品牌Logo，中间区域放置商品图片，下方放置促销文案和价格。

② 第二张和第三张主图主要用于展示商品颜色。在画面左上方添加品牌Logo，不需要过多修饰。

知识要点：

完成本例的操作，网店美工需要掌握以下知识。

① 使用矩形工具、椭圆工具、多边形工具绘制形状。

② 掌握直接选择工具的使用方法。

③ 利用横排文字工具，设置文本格式，输入文本。

操作步骤：

下面制作女童裙装主图，具体操作步骤如下。

步骤 01 制作主图 1。新建大小为 800 像素 ×800 像素、"分辨率"为"72 像素 / 英寸"、"颜色模式"为"RGB 颜色"、名为"连衣裙主图 1"的文件。

步骤 02 将素材文件"连衣裙"添加到文件中，再将素材文件"Logo"添加到文件中，效果如图 10-27 所示。

图10-27

步骤 03 选择矩形工具 ，在画面的下方绘制一个矩形，设置"填充"为粉色（色值为"R255 G144 B178"）。选择横排文字工具 ，输入"满 199 元减 30 元满 299 元减 60 元"，设置字体

为"思源黑体 CN"，字号为"48 点"，效果如图 10-28 所示。

图10-28

步骤 04 选择矩形工具 ，绘制一个矩形，设置"填充"为玫红色（色值为"R255 G77 B127"）；选择直接选择工具 ，单击矩形的右下角点，并按"←"键缩短矩形下边线；选择多边形工具 ，绘制一个三角形，设置"填充"为深玫红色（色值为"R153 G22 B59"）。选择横排文字工具 ，输入"聚划算"，设置字体为"方正兰亭刊黑简体"，字号为"62 点"；再输入"BARGAIN"，设置字体为"微

软雅黑"，字号为"30 点"，效果如图 10-29 所示。

图10-29

步骤 05 选择椭圆工具 ⬭，绘制一个圆形，设置"填充"为黄色（色值为"R255 G235 B143"），并添加描边。选择横排文字工具 **T.**，输入"限时购买"，设置字体为"思源黑体 CN"，字号为"24 点"；再选择横排文字工具，使用相同的字体，设置颜色为红色（色值为"R255 G0 B0"），输入价格，将"¥"的字号设置为"38点"，将"129"的字号设置为"60.5 点"，完成第一张主图的制作，效果如图 10-30 所示，按"Ctrl+S"组合键保存文件。

图10-30

步骤 06 制作主图 2。选择菜单栏中的"文件"＞"存储为"命令，将"连衣裙主图 1"文件另存为"连衣裙主图 2"文件，然后删掉画面中的元素，只保留品牌 Logo。将素材文件"蓝色款"添加到文件中，调整为合适的大小并放至合适的位置，完成第二张主图的制作，效果如图 10-31 所示。使用相同的方法制作第三张主图，效果如图 10-32 所示。

图10-31

图10-32

4. 制作详情页

　　服装详情页主要体现商品的卖点、面料细节、可选颜色等。本例以女童连衣裙为例制作详情页，设计时以粉色、哑金色等温馨的色彩为主色，选用简约、可爱风格的字体，此外，为了增强画面的美感，网店美工运用线条、矩形、圆形等进行版面的修饰与分割，效果如图10-33所示。

微课视频

图10-33

设计思路：

在制作女童连衣裙详情页时，网店美工可以从下面几个方面进行设计。

① 制作焦点图，对商品进行总体展示，写明卖点，以吸引消费者继续浏览。

② 通过细节部分的展示，体现商品的工艺，让消费者放心购买；展示详细参数，体现商品各部分的尺寸，便于消费者对尺寸进行选择。

③ 呈现商品图片，展示商品颜色 。

知识要点：

完成本例的操作，网店美工需要掌握以下知识。

① 使用直线工具、矩形工具、圆角矩形工具、椭圆工具绘制形状。

② 利用横排文字工具，设置文本格式，输入文本，展现商品信息。

③ 为文字添加图层样式，突出文字，丰富画面效果。

操作步骤：

下面制作女童连衣裙详情页，具体操作步骤如下。

步骤 01 新建文件。新建大小为 790 像素 ×5670 像素、"分辨率"为"72 像素 / 英寸"、"颜色模式"为"RGB 颜色"、名为"连衣裙详情页"的文件。

步骤 02 制作焦点图。将素材文件"条纹"添加到文件中，再将素材文件"连衣裙 1""连衣裙 2"添加到文件中，调整图片的位置，并为这两张图片添加白色描边，效果如图 10-34 所示。

图10-34

步骤 03 选择横排文字工具 ，输入"女童纯色百褶连衣裙"，设置字体为"黑体"，字号为"26.5 点"，颜色为白色；将素材文件"形状 1"添加到文件中，并移动到该文字的下层；输入"秋款休闲 连衣裙"，设置字体为"迷你简少儿"，字号为"65 点"，颜色为白色，并为该图层添加"斜面和浮雕"和"投影"效果，参数设置如图 10-35 所示，效果如图 10-36 所示。

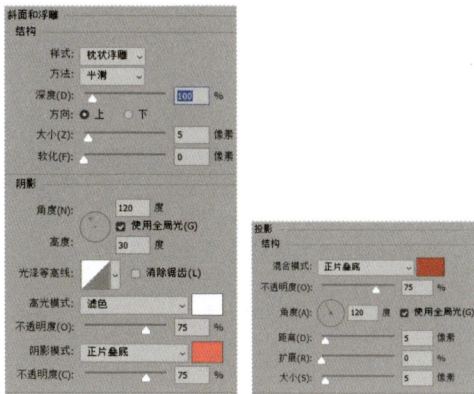

图10-35

图10-36

步骤 04 选择横排文字工具 ，输入一段促销文案，设置字体为"华文行楷"，字号为"26 点"，颜色为玫红色（色值为"R255 G80 B80"）；再搭配一些儿童喜爱的卡通元素，以活跃画面气氛。将素材文件"星星"添加到文件中，并为其添加粉色（色值为"R255 G141 B177"）的"投影"效果，复制多个星星，调整为合适的大小并放至合适的位置；再将素材文件"云朵""心形"添加到文件中，完成焦点图的制作，效果如图 10-37 所示。选中焦点图的所有图层并进行编组，将图层组重命名为"焦点图"。

图10-37

步骤 05 制作面料细节图。选择横排文字工具 ，输入"可爱甜美 面料介绍"，设置字体为"黑体"，字号为"37.6 点"，颜色为哑金色（色值为"R196 G144 B15"）。将"面料介绍"的字体更改为"迷你简少儿"，字号更改为"47 点"；将"料"的颜色设置为白色，选择椭圆工具 ，在该文字的下层绘制一个圆形，设置"填充"为浅橙色（色值为"R248 G194 B130"）。选择横排文字工具 ，输入"宝宝的开心就是妈妈的放心"，设置字体为"创艺简中圆"，字号为"17 点"，颜色为哑金色；将"开心就是"的字号设置为"21 点"，颜色设置为粉色（色值为"R253 G156 B147"），效果如图 10-38 所示。

图10-38

步骤 06 选择圆角矩形工具 ，绘制一个圆角矩形，设置"填充"为浅米色（色值为"R252 G231 B206"），将矩形上方两个角的"半径"设置为"6 像素"，下方两个角的"半径"设置为"0 像素"；将素材文件"面料细节 1"添加到文件中，并移动到圆角矩形上层，为其添加白色描边。选择横排文字工具 ，输入"/ 天然材料 /"，设置字体为"幼圆"，字号为"20 点"，颜色为黑色，完成第 1 组面料细节图的制作。选中该组细节图的所有图层，按住"Alt"键拖动并复制，连续复制 4 组并移动到合适的位置，然后将素材文件"面料细节 2"~"面料细节 5"依次添加到文件中，并替换相应的文字内容，完成面料细节图的制作，效果如图 10-39 所示。

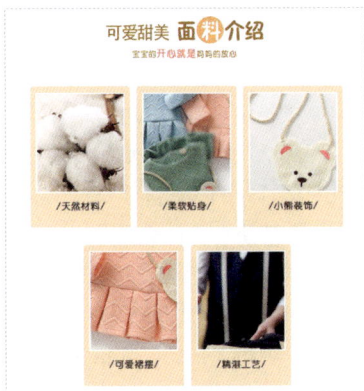

图10-39

步骤 07 制作商品信息描述图。商品信息描述图通常包含商品属性（如商品名、可选颜色、可选尺码、适合季节等）、商品指数（如柔软、弹力、厚度、版型、尺码表等）等内容。制作此部分内容主要使用横排文字工具 和矩形工具 ，具体操作步骤见本节二维码内容，效果如图 10-40 所示。

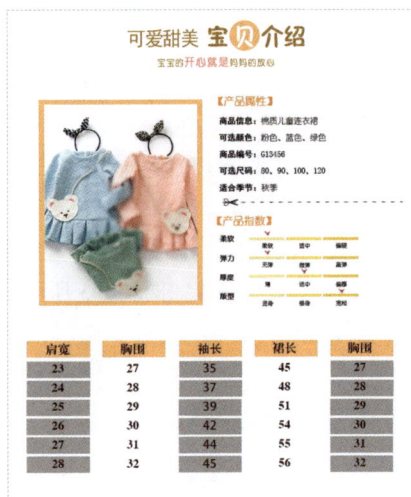

图10-40

步骤 08 制作商品颜色展示图。复制商品信息描述图中的标题文字，将"宝贝介绍"替换为"颜色介绍"，将"色"的颜色设置为白色。选择矩形工具 ，设置"填充"为橙黄色（色值为"R248 G194 B130"），绘制一个矩形。选择横排文字工具 ，输入"粉色款"，设置字体为"幼圆"，字号为"21 点"，颜色为黑色。复制形状和文字，将文字替换为"绿色款"；再复制一组，将文字替换为"蓝色款"。将素材文件"粉色款""绿色款""蓝色款"添加到文件中，调整为合适的大小并移动到相应的位置，完成商品颜色展示图的制作，效果如图 10-41 所示。

图10-41

步骤 09 制作商品展示图。商品展示图通常会对服装模特的实际穿着效果进行展示，如果没有服装模特进行展示，则可以使用服装的完整实拍图。复制商品颜色展示图中的标题文字，将"颜色介绍"替换为"宝贝展示"文字，将"贝"的颜色设置为白色。将素材文件"宝贝展示1"~"宝贝展示3"添加到文件中，然后选择圆角矩形工具 ，在图片边缘绘制虚线框，虚线框的参数设置如图10-42所示，最终效果如图10-43所示。

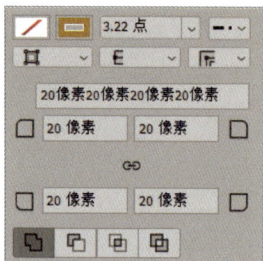

图10-42

图10-43

项目拓展：上传图片到素材中心

　　素材中心是淘宝商家的线上存储空间，可以存储普通图片、视频、音乐和动图。网店美工先可以将相关资料上传到素材中心，设计网店页面时就可以随时使用。下面将女童裙装的主图上传到素材中心，具体操作步骤如下。

步骤 01 打开女童裙装的主图，选择"文件">"导出""存储为 Web 所用格式"命令，将它们存储为 JPEG 格式。

步骤 02 打开淘宝网，进入千牛卖家工作台页面，在页面左侧选择"店铺">"店铺管理"下的"店铺素材"，单击"我的素材"进入素材中心，如图10-44所示。在素材中心中，单击"新建文件夹"按钮，打开"新建文件夹"对话框，输入用于上传图片分组的名称"女童裙装"，完成后单击"确定"按钮，如图10-45所示。

图10-44

步骤 03 在素材中心单击"上传"按钮，打开"上传图片"对话框，单击"上传"超链接，如图10-46所示。

图10-45

图10-46

步骤 04 打开"打开"对话框，选择女童裙装主图所在的路径，并在其中选择需要上传的图片，单击"打开"按钮，如图10-47所示。

图10-47

步骤 05 上传完成后，网页会提示上传成功，如图10-48所示。单击"确定"按钮，即完成将图片上传到素材中心里的操作。

步骤 06 完成上传后，可在"我的素材"的"女童裙装"文件夹中查看上传的图片，如图10-49所示。

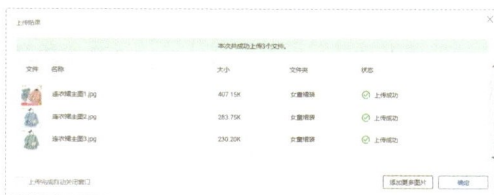

图10-48

图10-49

思考与练习

视觉效果直接决定了消费者能否在第一时间产生浏览或购买的欲望。在电商平台上，经常会看到一些盲目堆砌功能模块，主次罗列混乱，不利于消费者的购买体验。因此，网店美工根据网店的风格、产品、促销活动分门别类地进行清晰布局。

①网店美工如何快速抓住商品的特点进行设计？

②网店美工如何能够抓住流行趋势，设计出符合市场需要的各类图片？

一、选择题

1. 表现儿童用品的相关主题时，常采用（　　）的字体。

A. 稳重挺拔　　　　　　B. 秀丽柔美　　　　　　　　C. 活泼有趣　　　　　　　D. 苍劲古朴

2. 在进行网店设计时，网店美工主要需要对（　　）进行设计与制作。

A. 店招、海报、主图、详情页　　　　　　B. Logo、海报、主图、详情页

C. Logo、智钻图、主图、详情页　　　　　　D. 智钻图、直通车图、主图、详情页

3. （　　）是淘宝中心商家的线上存储空间，可以存储普通图片、视频、音乐和动图。

A. 素材中心　　　　B. 淘宝后台　　　　　　　　C. 云空间　　　　　　　　D. 千牛卖家工作台

二、填空题

1. 服装类网店需要重点体现商品的（　　）、（　　）、（　　）和（　　）等。

2. 进行网店设计时，网店美工主要需要对（　　）、（　　）、（　　）和（　　）等进行设计。

3. 网店风格决定了消费者最直观的视觉体验，网店定位与网店经营的商品决定了消费群体，所以把握网店（　　）是网店美工工作的重中之重。

三、简答题

1. 简述网店美工可以通过哪些方法提升版式布局设计？

2. 简述什么是素材中心？

四、操作题

1. 挑选一个自己喜欢的网店（淘宝、京东、唯品会等平台均可），鉴赏其网店首页，分析其色彩搭配、文字排版、页面布局是否合理。

2. 本例将利用素材（习题素材与答案\项目10\家用电器网店设计）为一家电器专卖店设计店招和首页海报。